COLLECTION

DES

MORALISTES ANCIENS.

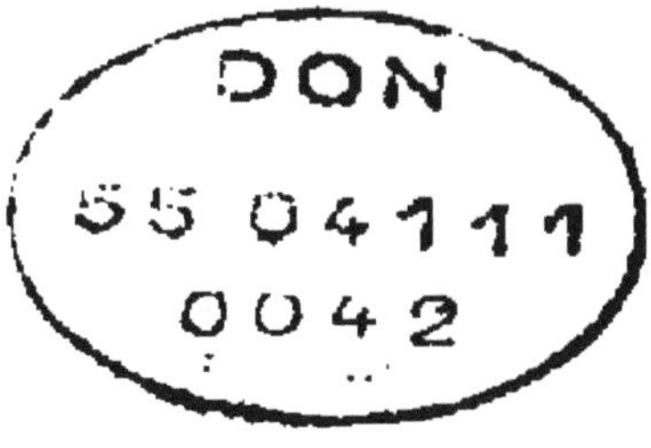

COLLECTION

DES

MORALISTES ANCIENS,

DÉDIÉE AU ROI.

A PARIS,

Chez DIDOT L'AÎNÉ, Imprimeur du Clergé, en furv. rue Pavée S. A.

Et DE BURE L'AÎNÉ, Quai des Auguftins.

M. DCC. LXXXII.

PENSÉES MORALES
DE
CICÉRON,

RECUEILLIES ET TRADUITES

PAR M. LEVESQUE.

VIE
DE CICÉRON. *

CICÉRON prit naiſsance à Arpinum, ville autrefois dépendante du pays des Samnites, & compriſe aujourd'hui dans le royaume de Naples. Il naquit l'an 647 de la fondation de Rome, & 107 ans avant l'ere vulgaire.

Les uns ont rapporté l'origine de ſa maiſon à Tullus Tatius, roi des Volsques, tandis que d'autres ont écrit qu'il n'étoit que le fils d'un

(*) Si l'on veut connoître dans le plus grand détail tout ce qui concerne ce grand

foulon : mais ſon mérite n'avoit pas beſoin d'être relevé par la nobleſse de ſes aïeux, & ne pouvoit être avili par leur obſcurité. Il eſt certain qu'il étoit d'une famille équeſtre ; & ſi lui-même s'appelle ſouvent homme nouveau, c'eſt qu'il fut le premier de ſa maiſon élevé aux grandes magiſtratures.

Son aïeul, qui n'avoit jamais quitté ſa patrie, s'y étoit diſtingué par ſon éloquence. Il eut occaſion de plaider devant le conſul Scaurus ; & ce magiſtrat regrettoit qu'un ſi grand talent, digne des applaudiſ-

---

orateur, il faut lire l'HISTOIRE DE CICÉRON, traduite de l'anglois de Middleton sements de la capitale, fût enseveli dans une ville obſcure.

Une ſanté délicate empêcha Marcus, pere de Cicéron, d'entrer dans les affaires publiques. Il ennoblit ſon loiſir par la culture des lettres, & mérita, par ſes vertus & par la douceur de ſon commerce, de compter au nombre de ſes amis les plus grands perſonnages de la république.

On n'avoit pas encore toutes ces méthodes d'éducation que nous voyons naître chaque jour, enfants de l'imagination, qui, comme la

---

par l'abbé Prévoſt, 4 vol. in-12. (Paris, Didot, 1743.)

plupart des ſyſtêmes, seront peut-être bientôt détruits par l'expérience (1) : mais on élevoit de grands hommes. Former le corps des jeunes gens par l'exercice, & leur eſprit par les leçons des grands maîtres, voilà ce qu'on ſavoit alors. Marcus conduiſit de bonne heure ſon fils à Rome pour le mettre sous la diſcipline des maîtres les plus célebres. Un Grec qui l'emportoit ſur tous les autres par ſa réputation, reçut le jeune Cicéron dans ſon école : Archias, qu'on regardoit à

---

(1) Ces ſyſtêmes d'éducation, qui amuſent le loiſir des lecteurs, ne peuvent être mis en pratique; mais on doit de la recon-

Rome comme un excellent poète grec, fut ſon profeſſeur pour la poéſie ; car elle faiſoit alors une partie de l'éducation. On ſentoit combien cet exercice eſt utile pour bien écrire en proſe. C'eſt en ſe ſoumettant à la gêne du rhythme, qu'on apprend à varier les tours, qu'on ſe forme l'oreille à l'harmonie, qu'on prend l'habitude de la conciſion. Après s'être fait long-temps une loi de renfermer ſes penſées dans une meſure preſcrite, on s'accoutume à ſentir que la proſe doit avoir elle-

---

noiſsance à leurs auteurs, parceque preſque tous ont offert des vues utiles.

même ſa meſure & ſa cadence. L'éleve d'Archias lui marqua depuis ſa reconnoiſsance en lui faiſant confirmer le droit de citoyen romain, & bien mieux encore en tranſmettant ſon nom à la poſtérité.

Au ſortir des écoles, l'éducation n'étoit que préparée : des citoyens également illuſtrés par leurs emplois & par l'eſtime publique ne croyoient pas s'abaiſser en perfectionnant l'éducation des jeunes gens qui faiſoient leur entrée dans le monde. Cicéron fut mis sous la conduite de l'augure Scévola, perſonnage conſulaire, & l'homme de ſon temps le plus versé dans les affaires d'état & dans celles du barreau. Après la mort de ce respectable instituteur, il reçut les mêmes bienfaits de Scévola le grand-prêtre, dont on n'estimoit pas moins les lumieres & la probité.

Cicéron, qui cultivoit la poésie, moins pour obtenir une place entre les poètes que pour vaincre un jour ses rivaux dans l'éloquence, crut devoir faire entrer aussi la traduction au nombre de ses travaux. Il est peu de moyens plus capables de former le style. On apprend à penser soi-même en s'arrêtant sur les pensées d'un auteur dont on s'engage à rendre toutes les idées ; on ne peut pas, comme en composant, négliger celles qui donnent trop de peine à exprimer; enfin on est obligé de chercher & d'épuiser toutes les ressources de sa langue pour rendre les expressions, les tours & les figures d'une langue étrangere. Cicéron mit en latin plusieurs harangues grecques, & nous avons encore des fragments considérables de sa traduction en vers du poème d'Aratus sur les phénomenes célestes.

Ce fut à-peu-près dans le même temps qu'il composa un poème dont Marius étoit le héros. Le grand-prêtre Scévola croyoit que cet ouvrage paſſeroit à la poſtérité : il le méritoit peut-être, & le fragment qui nous en reſte eſt bien capable d'en faire regretter la perte (1). On penſe communément que Cicéron étoit un mauvais poëte ; on en donne pour preuve un ou deux méchants vers que les courtiſans d'Auguſte ſe plaiſoient à répéter pour rendre ridicule un grand homme dont leur maître haïſſoit la mémoire : mais il eſt certain que Cicéron étoit le meilleur poëte de ſon temps, & l'on croit même qu'il a mis la derniere main au poëme de

(1) Tous les lecteurs n'iroient pas chercher ce fragment dans le Traité de la Divi-

Lucrece, laissé imparfait par la triste maladie & par la mort de son auteur.

La magistrature & l'épée ne faisoient pas à Rome, comme chez nous, deux professions distinctes. On passoit des exercices du barreau au gouvernement des provinces & aux emplois militaires; & l'orateur, devenu à la fois le premier magis-

---

nation. On croit devoir le rapporter ici; il mérite d'être comparé avec les beaux passages de Lucrece.

Hic Jovis altisoni subitò pinnata satelles,
Arboris e trunco, serpentis saucia morsu,
Subjugat ipsa feris transfigens unguibus anguem
Semianimum, & variâ graviter cervice micantem:
Quem se intorquentem lanians rostroque cruentans,

trat & le premier général de la république par la dignité de conſul, ne croyoit pas indigne de lui d'exercer encore les fonctions d'avocat. Ainſi le jeune homme qui ſe deſtinoit principalement aux affaires civiles devoit faire ſon apprentiſsage des armes ; & Cicéron fit ſa premiere campagne sous le pere de Pompée.

Les affaires du barreau langui-

Jam ſatiata animos, jam duros ulta dolores,
Abjicit efflantem, & laceratum affligit in unda,
Seque, obitu a ſolis, nitidos convertit ad ortus.
Hanc ubi præpetibus pennis lapſuque volantem
Conſpexit Marius, divini numinis augur,
Fauſtaque ſigna ſuæ laudis reditûsque notavit,
Partibus intonuit cœli Pater ipſe ſiniſtris.
Sic aquilæ clarum firmavit Juppiter omen.

rent à Rome, lorſque Marius, après avoir fait périr les plus célebres orateurs, continua d'inſpirer la terreur à toute la république. Cicéron, déseſpérant alors de pouvoir ſe montrer dans l'art oratoire, ſe donna tout entier à la philoſophie. Un Grec nommé Philon étoit venu chercher à Rome un aſyle contre les fureurs de Mithridate, maître d'une partie de la Grece. Ses principes étoient ceux de la nouvelle académie. Cicéron, qui avoit autrefois étudié la philoſophie d'Epicure, ſuivit les leçons de Philon, & reſta toujours attaché depuis à la secte académique. Peut-être étoit-il naturellement entraîné vers une école qui reconnoissoit pour chef le plus éloquent des philosophes : d'ailleurs cette secte toujours indécise, contente de recueillir & de mettre dans tout leur jour les preuves & les objections, ne se permettoit de rien affirmer ; &, par-là même, elle convenoit mieux qu'aucune autre à un orateur, qui n'a pas le droit de juger lui-même les causes, & dont l'art consiste à saisir & à faire valoir les moyens les plus favorables à celle qu'il protege.

Le repos enfin rétabli faisoit espérer à Cicéron de voir renaître la gloire du barreau ; déjà il se livroit avec une nouvelle ardeur à l'étude de l'éloquence & de la dialectique, lorſque Rome, enſanglantée quelques années auparavant par la vengeance de Marius, le fut de nouveau par la derniere volonté de ſon barbare fils, & bientôt après par la fureur & l'avarice de Sylla, & par la cupidité encore plus avide de ſes favoris.

Enfin la ſoif ſanguinaire de Sylla parut étanchée : on oſa reſpirer, même sous ſa farouche dictature ; & ce fut pendant cette effrayante & ſombre tranquillité que Cicéron ſe montra pour la premiere fois au barreau. Il n'étoit âgé que de vingt-ſix ans, & dès lors il ne fit pas moins admirer ſon courage que ſon éloquence, lorſque, pour défendre Roſcius Amérinus, il ne craignit pas de déplaire au terrible dictateur, & d'élever une voix foudroyante contre l'un de ſes infâmes ſatellites.

Après deux ans d'exercice au barreau, il entreprit de viſiter la Grece & l'Aſie; voyage ſtudieux, pendant lequel il ſuivit les leçons des plus célebres rhéteurs & des philoſophes les plus renommés. Non content de les entendre dans les villes, il en avoit toujours en route quelques uns qui l'accompagnoient. Il revint, après deux ans d'abſence, faire admirer dans ſa patrie ſes nouveaux progrès, après avoir corrigé les défauts de ſa premiere jeuneſse; une exceſſive véhémence d'action, & une abondance ſuperflue de ſtyle. Il parvint à la queſture à l'âge de trente & un ans.

Les queſteurs étoient les receveurs généraux de la république: leur office étoit annuel; une province leur étoit aſſignée par la voie du ſcrutin; ils étoient à la fois chargés de recouvrer les revenus publics, & de faire les approviſionnements de blé néceſsaires pour la conſommation des citoyens & le ſervice des armées. En ſortant de charge, ils avoient de droit leur entrée au sénat.

Cicéron ſe comporta dans ſa queſture avec tant de vigilance & de probité, qu'il croyoit Rome uniquement occupée de ſa gloire. Il s'empreſſoit d'y retourner pour recevoir, après un an d'abſence, les applaudiſſements des citoyens; déjà il étoit à Pouzzoles : un ami qu'il rencontre lui demande depuis combien de jours il eſt ſorti de Rome, & quelles sont les nouvelles qu'on y débite. Je reviens des provinces, dit Cicéron. N'eſt-ce pas d'Afrique? demande un autre. Un troiſieme, qui veut paroître mieux inſtruit, prend la parole & montre la même ignorance. Cicéron reconnut alors dans quelles bornes étroites se renferme cette renommée qui faisoit l'objet de tous ses voeux.

Parvenu deux ans après à l'édilité, il accusa Verrès, célebre par les cruautés & les déprédations qu'il avoit exercées en Sicile pendant sa préture. On ne peut lire les discours qu'il composa dans cette cause sans frémir sur le sort des provinces, dont on ne sollicitoit à Rome le gouvernement que pour acquérir le pouvoir, je dirois presque le droit, de les dépouiller. Les nations ne pouvoient obtenir aucune justice, parceque les juges, liés au coupable par le ſang, par l'amitié, par l'intrigue, par la dignité ſénatoriale, étoient toujours portés à couvrir des crimes dont eux-mêmes avoient donné l'exemple, ou qu'ils ſe promettoient d'imiter. Cependant Cicéron appuya de tant de preuves ſon accuſation, que Verrès, abandonné par ſon défenſeur, se condamna lui-même à un exil volontaire.

La gloire de Cicéron reçut un nouvel éclat de ſa préture; &, lorſqu'il ſe mit ſur les rangs pour demander le conſulat, les troubles inteſtins dont la république étoit menacée lui aſsurerent les ſuffrages de tous les bons citoyens. Il fut unanimement proclamé premier conſul avant qu'on eût le temps d'en venir au ſcrutin. Les intrigues de Catilina alloient lui donner pour collegue ce patricien factieux ; mais il eut l'adreſse & le crédit de faire donner la préférence à Caïus Antonius Népos. Ce n'eſt pas que cet Antonius fût un homme vertueux ; il avoit même des liaiſons avec tous les mauvais citoyens : mais Cicéron ſe promettoit de le gagner par l'intérêt. Il y parvint aiſément, & reſta maître de toutes les affaires.

On ſait que le conſulat étoit annuel. Catilina ſe remit au nombre des candidats pour l'année ſuivante, &, non content de briguer, de mendier, d'acheter des ſuffrages, il employoit hautement la menace. On comprit qu'une conſpiration ſecrete, dont ſans doute il étoit le chef, pouvoit ſeule lui inſpirer tant d'audace. Le ſénat effrayé ſignifia aux conſuls de veiller à ce que la république ne reçût aucun dommage. Cette formule, réſervée pour les grands dangers de l'état, donnoit à ces magiſtrats un pouvoir approchant de celui des dictateurs.

L'élection ſe fit, & Catilina fut rejetté. Conſul, il auroit employé les forces de la république pour l'aſſervir ; exclu du conſulat, il ne lui reſtoit plus de reſsources que dans la conſpiration qu'il avoit formée. Des nobles, & même des ſénateurs perdus de dettes & de débauches, qui ne pouvoient réparer leur fortune que par la ruine de l'état, étoient entrés dans ſon complot. On croit que le riche Craſsus le favoriſoit, & que Céſar, inſtruit de ſes deſseins, le laiſsoit agir, réſolu de tirer parti pour lui-même de la ſuite des événements.

Les conjurés avoient dans l'Etrurie une armée prête à s'approcher de la capitale; les forces de la république étoient éloignées : on devoit tuer Cicéron dans ſon lit, mettre le feu dans tous les quartiers de la ville, égorger les citoyens fideles; &, dans le trouble de ce maſsacre & de ce grand incendie, l'armée seroit entrée dans Rome ſans réſiſtance.

Mais Cicéron avoit déjà pénétré le ſecret de la conſpiration, &, par le moyen d'une femme galante qui avoit pour amant l'un des conjurés, il voyoit tout ce qui ſe paſsoit dans l'aſsemblée des traîtres comme s'il y eût aſſiſté lui-même.

En préſence de Catilina, il rendit compte au sénat de ſon affreuſe découverte. Catilina ſortit de Rome pour ſe mettre à la tête de ſon armée : mais il laiſsoit dans la ville ſes principaux complices, ardents à augmenter ſon parti, prêts à répandre le ſang au premier ordre de leur chef. Ils crurent avoir gagné les ambaſsadeurs des Allobroges, & ce furent ces ambaſsadeurs qui donnerent au sénat les preuves manifeſtes du complot. Les conjurés furent arrêtés.

Le crime étoit avéré, mais il étoit difficile de prononcer le châtiment. Le banniſsement & la confiſcation des biens étoient la peine ordinaire des plus grands crimes. On ſembloit condamner les coupables à mort en leur interdiſant le feu & l'eau ; mais comme on marquoit l'étendue de pays où cette interdiction avoit lieu, on leur conſervoit en effet la vie, en leur permettant d'aller chercher le feu & l'eau dans un exil. Quand le sénat s'étoit permis de punir de mort quelques chefs de factieux, le peuple l'avoit preſque toujours accusé d'abus de pouvoir. Enfin la loi ne donnoit qu'au peuple le droit de condamner à mort un citoyen.

Cependant, perſuadé que le ſalut de l'état étoit la premiere loi, Cicéron, malgré les craintes de ſes amis, malgré les repréſentations de Céſar, fit prononcer par le sénat la peine de mort contre les conjurés. L'arrêt fut auſſitôt exécuté : l'armée de Catilina fut taillée en pieces, & lui-même mourut percé de coups en combattant avec fureur.

Cicéron étoit à peine ſorti de charge, que Métellus, tribun factieux, excité par Céſar, ne ceſſa de le pourſuivre par les plus violentes invectives pour avoir fait mourir des citoyens ſans forme de procès. Il dreſſa même une loi par laquelle il rappelloit Pompée à Rome pour remédier, diſoit-il, à tous les déſordres causés par le dernier conſul. Le sénat, touché du danger de Cicéron, prit le deuil comme dans une calamité publique; les perſonnages les plus reſpectables des différents ordres s'accorderent à le protéger contre les attaques de ſes ennemis, & firent ſuſpendre le tribun Métellus, & Céſar, alors préteur, de l'exercice de leurs charges.

Mais une aventure étrangere à Cicéron, l'entrepriſe ſcandaleuſe d'un jeune débauché, lui préparoit de nouveaux chagrins. Clodius étoit l'amant de Pompéia, épouſe de Céſar. Elle devoit célébrer chez elle les myſteres de la bonne-déeſſe; les hommes étoient sévèrement écartés de ces cérémonies ſecretes; le maître de la maiſon étoit obligé lui-même de s'abſenter. Clodius trouva plaiſant, dans ſa dépravation, de joindre l'impiété au libertinage, & de choiſir cette circonſtance pour venir voir ſa maîtreſse. Il s'introduiſit dans la maiſon sous un habit de femme, fut découvert, & ne put prendre la fuite qu'après avoir été reconnu.

Accusé de ſacrilege, il ſoutint que le jour où les myſteres avoient été célébrés dans la maiſon de Céſar, il étoit éloigné de Rome de deux ou trois journées de chemin. Mais ce jour-là même il étoit venu faire une viſite à Cicéron qui déposa contre lui. Clodius, jugé par des commissaires faciles à corrompre, fut absous : mais Cicéron, choqué du mépris qu'on avoit fait de son témoignage, ne cessoit de s'élever contre cette absolution.

Avide de vengeance, & croyant ne pouvoir mieux l'exercer que dans l'emploi de tribun du peuple, Clodius, d'une des plus illustres maisons patriciennes, se fait adopter dans une famille plébéienne : car c'étoit toujours parmi les plébéiens que le peuple choisissoit ses tribuns. A force d'intrigues, il se fait élire. Soutenu par Pompée, faux ami de Cicéron, il gagne les consuls, qui ne demandoient qu'à ſe vendre, & publie une loi qui interdit le feu & l'eau à celui qui auroit fait mourir des citoyens ſans obſerver les formes de la juſtice. Cicéron voit que cette loi eſt dreſsée contre lui-même; il ſe livre à l'abattement, prend le deuil, & vingt mille citoyens le prennent avec lui. Il avoit pour lui le sénat, l'ordre des chevaliers, & ce qu'il y avoit d'hommes plus eſtimables parmi les plébéiens : mais ſon parti étoit foible contre celui d'un tribun maître de la populace, & contre cette union de Pompée, de Céſar & de Craſsus, qu'on appelle le premier triumvirat. Céſar, dont il avoit refusé les faveurs & l'amitié, avoit une armée près de Rome. Les amis de Cicéron étoient prêts à faire prendre pour lui les armes à l'Italie : mais le ſuccès étoit incertain, & il falloit troubler l'état. Il aima mieux ſuivre les conſeils d'Atticus, d'Hortenſius & de Caton, & ſe dévoua lui-même à un exil volontaire.

Il étoit à peine ſorti de Rome, que Clodius, par une nouvelle loi, défendit, sous peine de mort, de lui accorder un aſyle, & déclara ennemis publics ceux qui oſeroient même parler de ſon rappel.

Mais ce tribun détruiſit bientôt

ſon parti par ſes violences, par ſon audace, & par l'imprudence qu'il eut de braver Pompée. Un autre tribun eut le courage de propoſer au sénat le rappel de Cicéron, deux mois après ſon départ : l'affaire ne fut pas aisément terminée, & il y eut du ſang répandu par les fureurs des deux factions.

L'année révolue fit expirer le tribunat de Clodius & la magiſtrature des deux conſuls qui lui étoient vendus. Cicéron fut rappellé : il trouva, depuis Brindes juſqu'à Rome, les chemins bordés de ſpectateurs, & le sénat ſortit de la ville au-devant de lui. Ses maiſons, qui avoient été démolies ou livrées aux flammes, furent relevées aux dépens de l'état.

Son exil, ſouffert avec foibleſse, lui avoit ôté une partie de ſa vertu & avoit affoibli dans ſon ame l'amour de la patrie. Il avoit regretté de n'avoir pas mis en feu l'Italie pour ſa propre cauſe, & il regardoit comme ſes ennemis ceux qui l'avoient détourné de répandre le ſang. Sa conduite fut peu vigoureuſe après ſon retour. Il affecta de s'attacher à Pompée, pour tenir à ceux qui avoient le plus d'influence dans la république. Il ſe brouilla de nouveau avec Céſar, qui n'étoit pas bien alors avec Pompée; il l'attaqua même ouvertement par ſes démarches & par ſes diſcours : les circonſtances changerent; & il fit un poëme à la louange de ce même Céſar. On voit par ſes lettres qu'il rougiſsoit de montrer cet ouvrage, mais qu'il ſe promettoit pourtant de lui donner plus d'étendue ſi Céſar en étoit content. Il avoue lui-même que les maximes rigides & l'auſtere probité n'étoient plus de ſaiſon. Cet aveu eſt cruel, & celui qui l'a fait mérite quelque indulgence : dans ce ſiecle corrompu, on étoit entraîné par le malheur des conjonctures ; il falloit céder, ou renoncer au ſervice de l'état ébranlé, ou même périr. Caton, l'inflexible Caton, manqua quelquefois aux principes de cette auſtere vertu qu'il profeſsoit (1).

Cicéron ne ſavoit plus montrer que de l'incertitude : il ſe lioit à Céſar, & vouloit ménager Pompée. Pour plaire à tous les deux, il prit la défenſe de l'un de ſes plus cruels ennemis, de Gabinius, qui, étant conſul, avoit le plus contribué à

(1) Quand il ſe chargea de l'exécution d'une loi odieuſe de Clodius contre le roi de Cypre, & quand il ſe relâcha de la rigueur des loix en faveur de ſon gendre, après l'avoir ſoutenue contre Cicéron.

ſon exil, odieux concuſſionnaire, vil débauché, mauvais citoyen, homme couvert d'opprobre.

Il obtint le frivole honneur d'être admis au college des augures. Sa vertu devoit être plus flattée, mais ſa vanité fut moins ſatisfaite d'une commiſſion qu'il reçut bientôt après, & qui ne lui procuroit que l'avantage d'être utile.

Pompée déclara, par une loi, que les conſuls & les préteurs ne poſſéderoient de gouvernements que cinq ans après l'expiration de leur magiſtrature. Il falloit pourvoir à l'adminiſtration des provinces qui alloient reſter vacantes pendant cinq années; elles furent diſtribuées entre les sénateurs prétoriens & conſulaires, & le sort fit tomber à Cicéron la Cilicie, avec le titre de proconſul.

Pendant l'année de ſon gouvernement, il réduiſit des montagnards juſqu'alors indomtés, les ſurprit, enleva, détruiſit pluſieurs de leurs châteaux, &, après un ſiege qui ne dura qu'une demi-journée, il emporta la mauvaiſe place qu'ils appelloient leur capitale. Il fut ſalué empereur par ſes troupes; car ce titre d'empereur, qui devint sous Auguſte celui de la puiſsance ſuprême, n'étoit alors qu'un vain titre d'honneur ſans pouvoir & ſans prérogatives, que les ſoldats accordoient à leurs généraux victorieux.

Il eut plus de peine à ſubjuguer d'autres barbares également ennemis de toute ſoumiſſion & du nom romain, & qui avoient ſouvent appellé le Parthe dans les terres de l'empire. Il ne prit leur capitale qu'après ſix ſemaines de ſiege, & les habitants furent vendus comme eſclaves. Tel étoit dans ces ſiecles vantés le droit affreux de la guerre.

Ce qui diſtingua ſur-tout le gouvernement de Cicéron, ce fut ſa modération. Il ne reçut aucun de ces préſents que les gouverneurs exigeoient comme des droits de la part des villes & des rois alliés ; il leur remit toutes les contributions d'uſage, & ſa générosité fut un grand ſoulagement pour les alliés & pour la province. Le roi Ariobarzane lui deſtinoit ſeul un préſent de cent mille écus qu'il refuſa, & avec leſquels ce prince paya quelques unes de ſes dettes (1). Sur le revenu que la province lui faiſoit pour ſa dépenſe, il remit cent mille livres au tréſor pour le ſoulagement des peuples. Cependant avec une conduite

(1) Ariobarzane devoit des ſommes conſidérables à Pompée & à ce Brutus dont on célebre la vertu. Ces hommes fameux

ſi généreuſe, il remporta deux cents mille livres après une année d'exercice. Quelles richeſses devoient donc accumuler les gouverneurs concuſſionnaires !

Cicéron prétendoit aux honneurs du triomphe ; mais la guerre qui commença entre Céſar & Pompée l'empêcha de les obtenir.

On connoît aſsez l'origine & les suites de cette guerre, qui ſe termina par la ruine de la liberté romaine. Pompée ſe croyoit sûr de la victoire, & ſe promettoit de marcher ſur les traces ſanglantes de

---

exerçoient des uſures criantes. On prêtoit au moins à un & plus ſouvent à quatre

Sylla ; on ne parloit dans ſon camp que de proſcriptions : mais il paroiſſoit combattre pour la meilleure cauſe, & Cicéron le ſuivit. Il ne l'accompagna cependant pas à Pharſale, & rentra en Italie après la perte de cette bataille, encourant le reproche de s'être ſoumis trop tôt. Antoine, qui dominoit à Rome, ne lui permit pas d'en approcher, & il fut obligé d'attendre à Brindes, avec toute l'impatience de l'inquiétude, le retour de Céſar, pour être des premiers à lui faire ſa cour à ſon entrée en Italie.

---

pour cent par mois, non compris l'intérêt de l'intérêt courant.

Ce fut sous la domination de César qu'il composa la plupart de ses ouvrages philosophiques, monuments précieux, parcequ'ils nous font connoître les principes des différentes écoles de la Grece.

On sait comment César fut assassiné, en plein sénat, par des hommes qui lui devoient la vie, & qu'il avoit comblés de bienfaits. Cicéron approuva sa mort dont il avoit été témoin, & poursuivit avec acharnement sa mémoire, après l'avoir accablé d'éloges pendant sa vie. Il auroit fallu se taire, ou pendant que César étoit redoutable, ou lorsqu'il n'étoit plus.

Les conjurés avoient détruit le tyran, ſans penſer aux moyens de détruire la tyrannie. Marc Antoine les joua, & ne parut vouloir les seconder dans le projet de rétablir la république, que pour uſurper lui-même la puiſsance abſolue. Un jeune homme inconnu parut alors : c'étoit Octave, neveu de Céſar & ſon héritier. Cicéron, dont il implora la protection & les conſeils, fut le jouet d'un enfant déjà politique & diſſimulé ; & fut bientôt après obligé d'abandonner Rome pour ſe ſouſtraire aux fureurs d'Antoine.

Celui-ci refuſoit à Octave la ſucceſſion de Céſar, & Octave vouloit faire aſsaſſiner Antoine. Le neveu de Céſar s'attacha par ſes profuſions la plus grande partie des vétérans. La guerre commença : la mort des deux conſuls, qui perdirent la vie devant Modene en détruiſant les forces d'Antoine, fit paſser toute la puiſsance entre les mains d'Octave, & le laiſsa maître de leurs armées. Il avoit déjà formé ſon plan pour uſurper l'empire.

Les amis de la liberté avoient mis en lui leurs dernieres eſpérances : il les trahit, ſe fit élire conſul par la force avant l'âge de vingt ans, s'empara du tréſor public, & ſe joignit à Antoine & à Lépide : triumvirat ſanguinaire qui se partagea l'empire & détruisit les foibles restes de la liberté.

Dans le funeste rendez-vous où les trois tyrans cimenterent leur union, ils dresserent une liste de proscription capable de faire oublier les cruautés de Marius & de Sylla. Chacun d'eux, pour complaire à ses collegues, convint de leur sacrifier quelques uns de ses amis, de ses parents, de ses bienfaiteurs. Le nom de Cicéron ouvroit la liste des proscrits. Octave rougissoit d'ordonner sa mort; mais Antoine lui sacrifia son oncle; & Lépide, son propre frere: ce n'étoit qu'un jeu de ces monstres, qui surent bien défendre eux-mêmes ces deux têtes qu'ils feignoient de proſcrire.

Cicéron reçoit à Tuſculum la nouvelle de ſon malheur : il s'embarque, ne sachant s'il chercheroit un aſyle auprès de Brutus ou de Caſſius. Repouſsé vers la terre par les vents, il ſe rembarque de nouveau, reprend terre à Caïete, & forme la réſolution de mourir. Là ſes gens apprennent que des ſoldats le cherchent, conduits par Popilius Lénas, à qui l'éloquence du grand homme qu'il vient égorger avoit ſauvé la vie. Ils forcent leur maître à prendre la fuite ; mais, atteint bientôt, il s'avance hors de la litiere, &, ſans marquer aucune émotion, il ordonne à ſes aſsaſſins de frapper. On lui tranche la tête, on lui coupe les mains : l'infâme Lénas porte à Rome ces vénérables reliques. Antoine les reçoit publiquement, donne au ſcélérat, pour prix de ſon crime, une couronne d'or, & lui fait préſent de deux cents mille livres.

Il fit expoſer ſur la tribune aux harangues la tête & les mains de l'orateur qui, ſur cette même tribune, avoit long-temps défendu les intérêts des citoyens & de l'état. Ainſi mourut à l'âge de ſoixante & quatre ans un homme que la république romaine, expirant avec lui, dut compter au nombre de ses derniers citoyens, & que les respects de la postérité vengent assez de l'infâme Antoine, du lâche Lépide, & du fourbe & cruel Octave.

CICÉRON florissoit dans le siecle de l'éloquence, & sous une forme de gouvernement qui la rendoit nécessaire pour parvenir aux honneurs. A peine il se fit entendre, qu'il emporta la palme sur ses rivaux (1). Ses harangues sont, en

(1) C'est lui, disoit César, qui a remporté la plus belle couronne triomphale; car il est bien plus glorieux d'avoir étendu

ce genre, avec celles de Démosthene, les plus précieux monuments qui nous restent de l'antiquité. Ses ouvrages sur l'art oratoire sont tels qu'on doit les attendre d'un homme qui excelle dans l'art dont il écrit.

Sa morale est douce, praticable, proportionnée à la nature humaine : il ne se piquoit pas d'un farouche rigorisme ; on ne peut l'accuser de principes relâchés.

Avec la réputation qu'il s'est justement acquise comme moraliste, on sera peut-être étonné qu'il ne

---

les bornes de l'esprit des Romains que celles de leur empire. « Atque (ut dictator Cæ- « sar, hostis quondam tuus, de te scrip-

nous ait fourni qu'un recueil peu volumineux. Mais il faut considérer que la plupart de ſes ouvrages sont étrangers à la morale : ce sont des harangues sur des affaires d'état ou ſur des cauſes judiciaires; des lettres dans leſquelles il entretient ſes amis des intérêts de la république ou de ſes intérêts particuliers; des préceptes de rhétorique; enfin des ouvrages de philoſophie où il diſcute les ſyſtêmes métaphyſiques & théologiques des écoles grecques. De tous ſes livres, il n'eſt que ſon

---

« ſit) omnium triumphorum lauream « adepte majorem, quantò plus eſt inge- « nii romani terminos in tantum promo-

traité des devoirs & ceux de la vieillesse & de l'amitié qui portent directement sur la morale.

De son temps on ne hérissoit pas encore de sentences tous les ouvrages : on ne répandoit pas encore un vernis philosophique jusques sur des romans licencieux (1). Cette mode ne vint que dans le siecle suivant, siecle de corruption, de bassesse, d'égoïsme & de perfidie, où le poète Lucain se rendoit le délateur de sa mere, où la même main qui venoit d'écrire un sermon sur

« visse, quàm imperii ». Plin. Hist. Nat. lib. 6, cap. 30.

(1) Le roman de Pétrone.

la clémence traçoit une apologie du matricide.

Cicéron fournit moins de maximes que Séneque › cela n'eſt pas étonnant, puiſque Séneque n'écrivoit guere qu'en maximes, & qu'il n'a traité que des ſujets de morale. Il ne faut pas en conclure qu'il l'emporte ſur Cicéron : le jugement de ſeize ſiecles ſemble avoir marqué leur place ; mais des littérateurs ont quelquefois opposé leur goût particulier au ſuffrage de tant de ſiecles (1).

---

(1) Eraſme fut, dans ſa jeuneſſe, du nombre de ces littérateurs ; mais il changea bien de ſentiment dans un âge plus

On n'auroit jamais dû comparer deux auteurs dont la maniere d'écrire eſt ſi différente. Cicéron, accoutumé à parler en public dans de grandes places, dans des temples, devoit employer un ſtyle nombreux, abondant, périodique; fixer l'attention de ſes auditeurs en flattant leurs oreilles; les charmer par les preſtiges de l'harmonie, plutôt que les ſoumettre par l'empire du raiſonnement; & donner de l'étendue à ſes pensées afin que ceux qui perdroient une partie de ſon diſcours puſsent

---

avancé. Montaigne aimoit mieux Séneque que Cicéron; c'eſt qu'ayant tourné toutes ſes études du côté de la morale, il préféroit

encore en ſuivre la chaîne. Mais un ſtyle ingénieux, serré, ſententieux, pouvoit convenir à Séneque, qui écrivoit pour le cabinet.

---

l'auteur qui lui fourniſsoit dans ce genre les richeſses les plus abondantes : au lieu de comparer les écrivains entre eux, il comparoit le moraliſte à l'écrivain. Mais quand on conſidere tous les différents mérites de Cicéron, qui étoit en même temps un moraliſte du premier ordre, on ne peut guere lui préférer un auteur qui ne fut que moraliſte.

Si les ouvrages de Séneque ont eu des partiſans enthouſiaſtes, & ils méritoient d'en avoir, la plupart des critiques les font ſervir d'époque à la dégénération du goût chez les Romains. Il ne paroît que trop certain que le goût s'altere bientôt quand il eſt parvenu à la perfection. M. d'Alembert en donne la raiſon : « Il ne reſte, dit-

Je compare Cicéron à ces peintres qui ne travaillent que pour les temples & les grands édifices. Comme le ſpectateur eſt éloigné de leurs

---

« il, à la génération ſuivante que d'imi« ter... Elle veut ajouter à ce qu'elle a « reçu, & manque le but en cherchant à « le paſser. C'eſt ainſi, continue cet ingé« nieux & célebre écrivain, que le ſiecle « de Démétrius de Phalere a ſuccédé im« médiatement à celui de Démoſthene, le « ſiecle de Lucain & de Séneque à celui « de Cicéron & de Virgile, & le nôtre à « celui de Louis XIV ». M. d'Alembert juge ſon ſiecle avec trop de rigueur : nos écrivains de mauvais goût seront bientôt oubliés; & la poſtérité, en liſant le diſcours préliminaire de l'Encyclopédie, & tant d'autres bons ouvrages de nos contemporains, ne croira pas que le goût ſe ſoit altéré de nos jours.

ouvrages, ils doivent l'étonner par un pinceau large & moëlleux, par des maſses décidées & harmonieuſes, par des touches fermes & hardies. Les peintres de cabinet, dont les tableaux sont sous les yeux de l'amateur, plaiſent par un fini précieux & par une touche fine & légere.

Mais ſi les connoiſseurs sont flattés de trouver une grande maniere, même dans les tableaux de chevalet; ils préferent auſſi, dans les ouvrages deſtinés à la lecture, l'abondance harmonieuſe du ſtyle à des phraſes coupées, épigrammatiques & ſentencieuſes. Je ne dis pas que le ſtyle coupé n'ait ſes graces & ne puiſse être heureuſement employé : mais c'étoit avec la plus abondante & la plus douce harmonie, que Fénelon peignoit la beauté de ſon ame & les charmes de la vertu ; c'étoit par le nombre enchanteur de ſa proſe poétique, que Maſſillon préparoit les oreilles à recevoir les plus auſteres vérités ; & l'éloquent hiſtorien de la nature (1) a choiſi pour en décrire la marche, les ſecrets, les convulſions, les miracles, un ſtyle auſſi riche qu'elle.

(1) M. le comte de Buffon.

APPROBATION.

J'AI lu, par ordre de Monſeigneur le Garde des Sceaux, les PENSÉES MORALES DE CICÉRON, recueillies & traduites par M. LEVESQUE; & je crois qu'on peut permettre l'impreſſion de cet ouvrage, qui ne peut qu'inſpirer au lecteur un nouvel intérêt pour la collection des Moraliſtes anciens.

A Paris, ce 16 Mai 1782.

GUYOT.

PENSÉES MORALES
DE
CICÉRON.

I.

Tous les peuples sont partagés par des opinions diverſes : les uns ſe proſternent devant les plus vils animaux & en ont fait leurs dieux ; les autres sont ſoumis à des ſuperſtitions différentes & non moins ridicules. Mais eſt-il un peuple ſur la terre qui ne reſpecte pas la bonté, la douceur, la reconnoiſſance ? eſt-il un peuple qui ne méprise pas, qui n'ait pas en horreur l'orgueil, la méchanceté, la cruauté, l'ingratitude? La nature, qui vouloit lier les hommes entre eux par un commerce mutuel & des rapports réciproques, a commencé par les créer justes.

II.

Ce seroit une absurdité de regarder comme juste tout ce qui, chez un peuple, auroit reçu la sanction des loix. Si les Athéniens avoient unanimement ratifié les loix de leurs trente tyrans, en seroient-elles pour cela devenues plus équitables? Il n'est qu'une justice, & c'est elle qui resserre plus étroitement les nœuds de la société : elle résulte d'une unique loi; de celle de la droite raison, qui seule peut avoir le droit de commander & de défendre. Que cette loi ſoit écrite, ou qu'elle ne l'ait jamais été, quiconque l'ignore ou l'oſe enfreindre eſt injuſte.

III.

PENSEZ-VOUS que la volonté des nations, les décrets des ſouverains, les ſentences des juges, puiſſent ſeuls conſtituer la juſtice ? Ils n'auront donc qu'à ordonner, & il deviendra juſte de commettre l'adultere, juſte de fabriquer de faux teſtaments, juſte de ſe livrer au brigandage ! Nous n'avons qu'une regle pour diſtinguer une bonne loi d'une mauvaiſe ; c'eſt celle de la nature elle-même : c'eſt par elle ſeule que nous diſcernons le juſte de l'injuſte, & l'honnête du honteux.

IV.

Si la juſtice n'eſt que l'obéiſsance aux loix écrites, celui qui pourra les négliger ou les enfreindre ne manquera pas de ſe le permettre, dès qu'il y verra ſon profit.

V.

Dès que la crainte du ſupplice, & non l'horreur du crime, doit ſeule nous arracher aux forfaits & à l'iniquité, nul homme n'eſt injuſte, & les méchants ne sont que des maladroits. Si l'honneur ne nous conduit pas, ſi nous ne ſommes gens de bien que parceque nous y voyons notre profit ; nous ſommes rusés, mais nous ne ſommes pas d'honnêtes gens. Que fera dans les ténebres celui qui ne craint que des témoins & des juges ? Que fera-t-il s'il trouve à l'écart un homme foible, chargé de beaucoup d'or, & qu'il pourra facilement dépouiller ? Si vous êtes naturellement honnête & juste, vous vous approcherez de ce malheureux égaré, vous lui parlerez, vous lui prêterez des secours, vous le remettrez dans son chemin : mais est-il mal-aisé de prévoir le parti que va prendre celui qui ne fait rien pour les autres, & qui mesure tout à ses intérêts ?

VI.

SI, du temps de Tarquin, Rome n'avoit encore aucune loi écrite contre le viol, Sextus Tarquinius, en violant Lucrece, en a-t-il moins attenté contre la loi éternelle ? La raison dès-lors, inspirée par la nature, ne suffisoit-elle pas pour exciter au bien, pour détourner du crime ? ce n'eſt pas ſeulement lorſqu'elle fut écrite qu'elle acquit une force légale ; mais, dès l'inſtant de ſa naiſsance, elle fut le modele des loix, & elle eſt née avec l'intelligence divine.

VII.

Nos parents, nos nourrices, nos maîtres, nos poètes, nos ſpectacles, les préjugés unanimes de la multitude, dépravent nos caracteres, & nous détournent de la vérité. Tous à la fois tendent des pieges à nos eſprits. Ils nous reçoivent tendres encore & flexibles : ils nous plient & nous façonnent à leur gré. Mais nous ſommes corrompus ſur-tout par la mere de tous les maux, par l'imitatrice du bien, la volupté, qui, pour nous dreſser plus ſûrement des embûches, ſe cache dans tous nos ſens.

VIII.

AVONS-NOUS conſervé la faculté de porter de nous-mêmes un jugement; aucune néceſſité ne nous force-t-elle à défendre des opinions qui nous ont été tracées, &, en quelque sorte, preſcrites? c'eſt alors que nous ſommes véritablement libres. Mais la plupart des hommes ſe trouvent liés à un ſentiment, avant d'avoir pu diſcerner par eux-mêmes ce qu'il eſt le mieux de croire. Accoutumés dans l'âge le plus tendre à ſe ſoumettre à la voix d'un ami, ou gagnés par les diſcours du premier qui s'eſt emparé de leur intelligence, ils sont jettés par la tempête contre une opinion, & ils y reſtent attachés comme à un écueil.

IX.

COMME rien n'eſt plus beau que de connoître la vérité, rien n'eſt plus honteux que d'approuver le menſonge & de le prendre pour elle.

X.

S'IL eſt aiſé de parvenir à la ſageſse, nous devons l'acquérir, nous devons en jouir. S'il eſt difficile de l'atteindre, nous ne devons encore nous impoſer des bornes dans la recherche du vrai, qu'après l'avoir trouvé. Il eſt honteux de ſe laſser dans une recherche dont l'objet eſt ſi beau.

XI.

QU'Y a-t-il, grands Dieux! de plus deſirable que la ſageſse? Qu'y a-t-il de plus beau, de plus avantageux à l'homme, de plus digne de lui ? On appelle philoſophes ceux qui la recherchent, & la philoſophie n'eſt autre choſe que l'amour de la ſageſse. Je voudrois bien ſavoir ce que peuvent eſtimer ceux qui la mépriſent.

XII.

O PHILOSOPHIE! c'eſt toi qui diriges la vie; toi ſeule cherches la vertu, toi ſeule écartes le vice. Qu'aurions-nous été ſans toi ? ſans toi, qu'auroient été tous les hommes ? Ta voix a fait naître les villes; c'eſt à ta voix que les humains diſpersés ſe sont réunis en ſociété. Tu les a d'abord liés entre eux en rapprochant leurs habitations ; tu as reſserré plus étroitement leurs nœuds par l'union conjugale ; tu as adouci leur ſociété par l'heureuſe communication de l'écriture & de la parole. C'eſt à toi que nous devons les loix ; c'eſt toi qui regles les mœurs. Nous cherchons un refuge dans ton ſein, & nous implorons ton ſecours dans nos afflictions. Un ſeul jour paſsé ſuivant tes préceptes eſt préférable à une coupable immortalité. Nous te devons la tranquillité de la vie, & tu nous as arrachés aux terreurs de la mort.

XIII.

MAIS combien eſt-il de philoſophes dont les mœurs, les ſentiments, la conduite, ſoient conformes à la raiſon ; qui trouvent dans leur doctrine la regle de leur vie, & non le ſujet d'une vaine oſtentation ; qui s'obéiſsent à eux-mêmes & ſuivent leurs propres principes ? On en voit qui n'ont que de la vanité, qui ne penſent qu'à vanter leur mérite ; il vaudroit mieux que jamais ils n'euſſent rien appris. Quelques uns sont inſatiables d'argent, d'autres de vaine gloire, d'autres sont lâchement aſservis à leurs paſſions, & rien n'eſt plus contraire que leur maniere de vivre aux belles maximes dont ils font parade. Eſt-il au monde rien de plus honteux ! Si un grammairien parle un langage barbare, ſi un homme qui ſe donne pour muſicien chante d'une maniere ridicule, ils méritent d'autant moins d'indulgence qu'ils pechent contre un art dont ils font profeſſion. Ainſi le philoſophe qui peche dans ſes mœurs eſt d'autant plus mépriſable, qu'il ſe donne pour maître dans l'art de bien vivre, & qu'il abandonne cet art dans toute la conduite de ſa vie.

XIV.

PERSONNE n'eſt libre que le sage. Qu'eſt-ce en effet que la liberté ? Le pouvoir de vivre conformément à ſes deſirs. Et quel eſt l'homme qui vit comme il veut ? N'eſt-ce pas celui qui suit la juſtice, qui ſe plaît à ſon devoir, qui d'avance s'eſt imposé des regles pour tout le cours de ſa vie ; celui qui ne ſe ſoumet pas aux loix par la crainte, mais qui les suit, qui les reſpecte, parce-qu'il juge que rien n'eſt plus utile qu'elles ; celui enfin qui ne dit, ne fait, ne penſe rien que librement & ſans peine ; dont toutes les pensées, toutes les actions partent de lui-même & se rapportent au seul but qu'il s'est prescrit ; sur qui rien n'a plus de force que son propre jugement, sa propre volonté ; à qui la fortune enfin, que l'on croit si puissante, est elle-même obligée de céder ?

XV.

CONDUIT seulement par la sensibilité, l'animal n'est occupé que du présent, & n'a que des idées bien foibles de l'avenir & du passé : mais l'homme, éclairé par la raison qui lui fait connoître les conséquences des choses, voit leurs causes & leurs progrès, & compare les rapports qu'elles ont entre elles. Il unit, il enchaîne le présent à l'avenir, embrasse d'un coup d'œil le cours entier de la vie, & prépare ce qui lui eſt néceſsaire pour en remplir la durée.

XVI.

LA raiſon de l'homme a pénétré juſqu'au ciel même. Seuls de tous les animaux, nous connoiſsons le lever des aſtres, leur coucher & leur cours : c'eſt l'homme qui a marqué les limites des jours, des mois & des années : les éclipſes du ſoleil & de la lune sont prévues ; on les prédit pour le plus long avenir, on marque leur grandeur, leur temps & leur durée. L'homme doit à ce grand ſpectacle la connoiſsance des dieux, d'où naiſsent la piété, la juſtice, & toutes les vertus ; elles ſeules peuvent nous procurer le bonheur de la vie, qui nous rend égaux aux dieux : il ne nous manque, pour achever la reſſemblance, que l'immortalité (1) ; mais en a-t-on beſoin pour bien vivre ?

XVII.

PEUT-IL ſe trouver un homme d'une arrogance aſsez ſtupide pour croire qu'il renferme en lui-même une intelligence, & que le ciel & le monde sont privés d'intelligence ; pour croire que ce qui ne peut être compris par la plus ſublime raiſon, n'eſt conduit par aucune raiſon ? Mérite-t-il d'être compté parmi les hommes, celui que ne forcent point à la reconnoiſsance le cours réglé des aſtres, les viciſſitudes des jours

(1) Il ne s'agit ici que de la mort corporelle. Voyez ſur l'immortalité de l'ame les maximes CLXXIX & CC.

& des nuits, la différente température des mois, tant de richeſſes qui naiſsent pour nous? Sans doute, ſi les êtres éclairés par la raiſon l'emportent ſur ceux qui en sont privés; s'il eſt abſurde d'avancer qu'une ſeule ſubſtance, comme la nôtre, ſoit ſupérieure à la nature entiere: il faut avouer que la nature eſt intelligente. Et qui oſera nier que cette opinion ſoit utile? Peut-on ne pas ſentir tous les avantages que l'on doit à la foi des ſerments, à la religion des traités? Ignore-t-on combien la crainte de la vengeance céleſte arrache de malheureux aux crimes, & combien eſt ſainte la ſociété des citoyens qui ont les dieux eux-mêmes pour témoins & pour juges?

XVIII.

QUE notre eſprit embraſſe le ciel, les terres & les mers, tous les objets que lui offre la nature ; qu'il conſidere d'où ils tirent leur origine, où ils doivent retourner, quand, comment ils pourront finir, ce qu'ils ont de périſſable & de mortel, ce qu'ils ont d'éternel & de divin ; qu'il ſaiſiſſe, en quelque sorte, par la pensée, l'être qui les gouverne & leur impoſe des loix ; qu'il ſe contemple lui-même, non pas renfermé dans d'étroites murailles, non pas reſſerré dans un coin de la terre, mais citoyen d'un monde entier, qui n'eſt pour lui qu'une ville : du haut de ces ſublimes méditations que lui procureront le ſpectacle & la connoiſſance de la nature, comme il ſaura bien ſe connoître lui-même! comme il dédaignera, comme il trouvera viles toutes les futilités auxquelles le vulgaire attache un ſi grand prix!

XIX.

L'ORACLE d'Apollon nous avertit de nous bien connoître. Croirai-je qu'il nous ordonne de bien connoître notre corps, notre taille, notre phyſionomie? Ne ſommes-nous donc en effet que des corps? &, en ce moment où je vous entretiens, eſt-ce à votre corps que je parle? Quand donc l'oracle a prononcé, CONNOIS-TOI TOI-MÊME, il a voulu dire, connois ton ame; car le corps n'eſt qu'un vaſe qui contient l'ame, une enveloppe qui la renferme. Tout ce que vous faites, c'eſt votre ame qui le fait.

XX.

CELUI qui ſe connoît ſentira d'abord qu'il poſsede en lui-même quelque choſe de divin. Il n'aura que des pensées, il ne fera que des actions dignes de ce préſent des dieux; & quand il ſe prendra pour objet de ſes propres méditations, quand il ſe sera ſcruté tout entier, il comprendra combien la nature lui a prodigué de moyens pour s'élever à la ſageſse.

XXI.

IL n'appartient qu'au ſage de décider ce qui eſt ſage.

XXII.

CONSIDÉRONS quels puiſsants remedes la philoſophie nous procure pour les maladies de l'ame; car ces remedes exiſtent ſans doute, &

la nature ne s'eſt pas montrée aſsez ennemie du genre humain, pour lui avoir prodigué tant de ſubſtances utiles au corps, ſans avoir rien fait pour l'ame. Au contraire, elle nous a traités avec d'autant plus de faveur, que les remedes du corps ſe trouvent au-dehors, & ceux des ames sont renfermés en elles-mêmes. Mais plus eſt grande, plus eſt divine leur efficacité, & plus ils doivent être adminiſtrés avec attention. C'eſt la raiſon qui nous fournira ces remedes; la raiſon, qui, bien conduite, apperçoit toujours le plus grand bien, & qui, négligée, s'embarraſse de mille erreurs.

XXIII.

LE temps ou un peu d'eau nettoie les taches du corps: le temps ni les eaux d'aucun fleuve ne peuvent enlever les taches de l'ame.

XXIV.

SI nous croyons que la pauvreté n'empêche pas les hommes d'être égaux, pourquoi voudrions-nous écarter le pauvre de l'approche des dieux en ordonnant de les honorer à grands frais ? Ignorons-nous qu'il est agréable à la divinité que la voie soit ouverte à tous pour l'appaiser & lui rendre hommage ?

XXV.

SANS gouvernement, une maison, une ville, une nation, le genre humain, la nature, le monde entier, ne peuvent subsister.

XXVI.

CELUI qui commande doit obéir quelquefois, & celui qui obéit avec modeſtie paroît digne de commander un jour.

XXVII.

DIRIGER, ordonner ce qui eſt juſte, ce qui eſt utile, ce qui s'accorde avec les loix, telles sont les fonctions du magiſtrat : les loix commandent aux magiſtrats, les magiſtrats au peuple ; & l'on peut bien dire que le magiſtrat eſt une loi parlante, & la loi un magiſtrat muet.

XXVIII.

RAPPELLEZ à votre mémoire les différentes périodes de la république ; tels ont été les chefs, & tel s'eſt montré le peuple : toutes les fois qu'ils ont changé de mœurs, on a vu le peuple les imiter.

XXIX.

AINSI ce qui rend plus pernicieuſe encore la corruption des chefs, c'eſt que non ſeulement ils s'abandonnent aux vices, mais qu'ils les répandent dans l'état : ils nuiſent parcequ'ils sont corrompus ; ils nuiſent plus encore parcequ'ils corrompent, & font plus de mal par leur exemple que par leur dépravation.

XXX.

IL ne faut qu'un petit nombre, un très petit nombre d'hommes élevés aux honneurs pour corriger ou corrompre les mœurs d'un état.

XXXI.

RIEN de plus injuſte, quand on forme une accuſation, que de s'appeſantir ſur une longue énumération du mal, & de ſe taire ſur le bien. Vous pourriez aisément, par ce moyen, rendre odieuſe la magiſtrature, en raſsemblant toutes les fautes des magiſtrats. Mais ſans les abus qu'on ſe plaît à relever, on n'auroit pas le bien dont on jouit.

XXXII.

IL vaut mieux être opprimé par la force dans une bonne cauſe, que de ſe prêter à une mauvaiſe.

XXXIII.

SOYEZ revêtu de charges publiques, ou ne vous livrez qu'à des fonctions privées; ſuivez la carriere du barreau, ou renfermez-vous dans le soin de vos affaires domeſtiques; vivez avec vous ſeul, ou contractez des engagements avec les autres: aucune partie de votre vie ne peut être exempte de devoirs. L'honneur conſiſte à les obſerver, & la honte à les négliger.

XXXIV.

RECHERCHER, sonder la vérité, ſemble être le propre de l'homme. Sommes-nous libres d'affaires indiſpenſables, de soins embarraſsants ? Rien alors n'excite plus vivement nos deſirs que de voir, d'entendre, de pénétrer ce que nous ignorons encore : alors nous regardons comme néceſsaire à notre bonheur la connoiſsance des merveilles dont la nature ſemble nous avoir fait un ſecret. Et, ſans doute, rien n'eſt plus convenable à l'homme que le vrai dans toute ſa pureté, dans toute ſa ſimplicité.

XXXV.

AINSI nous nous ſentons entraîner par une sorte de paſſion de ſavoir & de connoître. Rien ne nous ſemble plus beau que d'exceller par nos connoiſsances : ſe méprendre, tomber dans l'erreur, ignorer, ſe laiſser tromper, eſt une honte.

XXXVI.

MAIS, dans cette inclination ſi honnête & ſi naturelle à la fois, il eſt deux vices à éviter. Le premier eſt de nous perſuader que nous connoiſsons ce que nous ignorons en effet, & de donner, par un empreſsement téméraire, notre conſentement à l'erreur. Celui qui veut éviter ce défaut (eh ! qui ne doit pas chercher à le fuir ?) donnera tout le temps & tous les soins néceſsaires à l'examen des choſes qu'il s'eſt propoſé de connoître. L'autre vice eſt de s'appliquer avec trop de conſtance & d'attention à des ſujets difficiles, obſcurs, & en même temps inutiles.

XXXVII.

On craint de ſe faire des ennemis, on redoute le travail, on veut éviter la dépenſe, on ſe laiſse aller à la négligence, à la pareſse, à l'inertie, on ne peut s'arracher à des études dont on eſt agréablement occupé. Eh! voilà donc ſur quels prétextes frivoles on abandonne des malheureux qu'on eſt obligé de ſecourir & de défendre!

XXXVIII.

Il eſt deux manieres de combattre; l'une par des raiſons, & l'autre par la force: la premiere convient aux hommes, la seconde aux animaux; & l'on ne doit jamais recourir à celle-ci tant qu'on peut eſpérer quelque ſuccès de la premiere. Jamais il n'eſt permis de faire la guerre, que pour vivre en paix ſans craindre les attaques de l'iniquité.

XXXIX.

Ne ſatisfaire qu'à la lettre du serment, c'eſt l'éluder, & non pas le remplir. Délié des mots, on peut encore être lié par les choſes. Quand il s'agit d'acquitter votre promeſse, examinez ce que vous avez pensé, & non ce que vous avez dit.

XL.

On peut être injuſte par la force; on peut l'être auſſi par la ruſe. La ruſe eſt le propre du renard; la force, du lion : l'une & l'autre eſt indigne de l'homme; mais la ruſe eſt ſur-tout odieuſe. Eſt-il en effet un plus cruel attentat contre la justice, que de vouloir paroître honnête homme au moment même où l'on ne pense qu'à tromper ?

XLI.

RIEN n'est plus conforme à la nature de l'homme que la bienfaisance ; mais elle doit connoître des loix. Prenons garde si nos bienfaits ne nuisent point aux autres & ne tournent pas contre ceux mêmes qui en sont l'objet ; si notre libéralité ne l'emporte pas sur nos moyens ; & si nos présents répondent au mérite de ceux qui les reçoivent : car c'est le fondement de la justice, à laquelle toutes nos actions doivent être subordonnées.

XLII.

IL n'est pas rare de trouver des

hommes qui, follement amoureux de l'éclat & de la gloire, arrachent aux uns pour donner aux autres. Qu'ils enrichiſsent leurs amis, il ſuffit ; ils s'embarraſsent peu des moyens qu'ils emploient, & ſe figurent qu'ils paſseront pour généreux. Rien n'eſt plus contraire au devoir, qu'une telle conduite.

XLIII.

PLAÇONS nos bienfaits ſur ceux qui en ont le plus grand beſoin. C'eſt à quoi l'on manque ſouvent : on s'empreſse ſur-tout d'obliger ceux dont on eſpere le plus, & qui n'ont beſoin de rien.

XLIV.

IL eſt deux sortes d'hommes qui tirent de leurs dépenſes un éclat différent : les uns ne sont que prodigues, les autres méritent le titre de généreux. Les premiers dissipent leurs richesses à donner des festins, des combats de gladiateurs, des chasses & des jeux. Que restera-t-il de tant de profusions ? un souvenir passager, si même elles ne tombent pas à l'instant dans l'oubli. Les hommes vraiment généreux consacrent leur fortune à racheter des malheureux réduits en captivité par des pirates, à payer les dettes, à marier les filles de leurs amis peu fortunés, à leur fournir des secours pour établir ou pour augmenter leur bien-être.

XLV.

BIEN des gens sont fort éloignés d'être naturellement généreux; mais, conduits par la vaine gloire, ils font tout ce qu'ils peuvent pour le paroître : c'eſt par oſtentation, c'eſt en quelque sorte en dépit d'eux-mêmes qu'ils répandent des largeſſes. Cette fauſseté tient bien plus à une vanité puérile qu'à des ſentiments honnêtes & vertueux.

XLVI.

PUISQU'IL ne nous eſt pas accordé de vivre avec des hommes parfaits ni d'une ſageſſe conſommée, & que c'eſt beaucoup de trouver, dans la ſociété ordinaire, quelque foible image de la vertu ; gardons-nous de négliger les perſonnes en qui l'on remarque des qualités louables : mais cultivons ſur-tout ces caracteres heureux, ces ames privilégiées & brillantes des vertus qui font le charme de la vie. Ces vertus sont la modeſtie & la modération, qui, plus que toute autre, forment le caractere de l'homme honnête.

XLVII.

QUOIQUE toute vertu nous appelle, nous attire, & nous faſse aimer ceux qui la poſsedent, aucune n'exerce plus puiſsamment cet empire que la juſtice & la libéralité. Mais rien n'eſt plus aimable, rien ne lie plus étroitement les hommes entre eux, que le rapport d'inclinations & de mœurs entre les gens de bien.

XLVIII.

CET élan de l'ame, ce courage qui ſe fait remarquer dans les travaux & dans les dangers, n'eſt qu'une qualité vicieuſe, s'il n'eſt pas guidé

par la juſtice; s'il combat, non pour le ſalut commun, mais pour ſes propres intérêts. Ce n'eſt plus alors une vertu, ce n'eſt qu'une ardeur féroce qui outrage l'humanité.

XLIX.

EVITONS la folie de nous précipiter ſans raiſon dans les dangers. Imitons la conduite des ſages médecins : ils n'oppoſent aux maux légers que les plus doux remedes ; mais ils sont obligés de combattre les grandes maladies par des remedes quelquefois dangereux, & dont l'effet n'eſt pas toujours aſsuré. Dans le calme, c'eſt une démence de provoquer la tempête; mais, quand elle eſt arrivée, l'habile pilote emploie toutes les reſsources de l'art pour la combattre.

L.

Il eſt un courage dont l'exercice ſe renferme dans les affaires intérieures, & qui ne le cede pas à la valeur guerriere; il exige même plus de travail & plus de soins.

LI.

Ceux qui conſultent les intérêts d'une partie des citoyens & qui négligent l'autre, introduiſent dans l'état les plus dangereux de tous les maux, la diſcorde & la sédition.

LII.

Prenez garde que la peine ne ſoit plus grande que la faute, & que, pour le même délit, les uns ſoient punis, & les autres ne ſoient pas même appellés en juſtice.

LIII.

Sur-tout il faut, en puniſsant,

ſe bien garantir de la colere. Si votre cœur eſt irrité, comment, lorſqu'il faudra prononcer la peine du coupable, tiendrez-vous ce juſte milieu qui ſépare l'exceſſive ſévérité de l'exceſſive clémence ? Par-tout la colere doit être bannie. Heureux ceux qui gouvernent l'état, s'ils étoient ſemblables aux loix, que l'équité ſeule, & jamais la colere, n'arme contre le crime !

LIV.

TÉMOIGNEZ des égards & même de la déférence non ſeulement aux hommes les plus vertueux, mais à tous ceux avec qui vous vous trouvez. Ne ſe pas mettre en peine de ce que les autres penſent de nous, ce n'eſt pas ſeulement arrogance, c'eſt oubli de toute pudeur.

LV.

Que la négligence & la témérité ſoient également bannies de toutes nos actions ; ne faiſons rien dont nous ne puiſſions rendre une raiſon ſatisfaiſante. En établiſſant ces deux principes, j'ai preſque donné la définition de nos devoirs.

LVI.

Imposons à nos deſirs de ſe ſoumettre à la raiſon ; ne leur permettons ni de s'élancer devant elle, ni de l'abandonner par pareſſe & par lâcheté ; qu'ils ſoient toujours tranquilles, & que jamais ils ne portent le trouble dans notre ame : c'eſt de là que réſultent la conſtance & la modération.

LVII.

La nature ne nous a pas formés

pour n'être occupés que de jeux & de bagatelles ; elle nous a plutôt destinés à une sorte de sévérité & à des occupations graves & importantes. S'il est quelquefois permis de se livrer aux jeux & aux amusements, c'est comme on s'abandonne au repos & au sommeil, après avoir satisfait aux affaires sérieuses.

LVIII.

LA bienséance consiste à ne rien faire en dépit de la nature. Sans doute rien n'est plus beau que le parfait accord de tous les instants de notre vie, que l'harmonie de toutes nos actions entre elles ; mais vous ne parviendrez jamais à conserver cet heureux accord, si, négligeant votre naturel, vous voulez imiter celui des autres.

LIX.

Il eſt des qualités qui nous sont propres ; &, pourvu qu'elles ne ſoient pas vicieuſes, il faut nous appliquer à les ménager : c'eſt ainſi que nous conſerverons la bienséance. Gardons-nous bien de contrarier ce que la nature exige de tous les hommes ; sachons la reſpecter, mais conſervons d'ailleurs notre caractere. Nous pourrons bien remarquer dans les autres des qualités ſupérieures à celles que nous poſsédons : mais sachons borner nos efforts aux objets qui nous conviennent & que notre naturel nous preſcrit. Nous voudrions en vain combattre la nature ; en vain nous entreprendrions de pourſuivre ce qu'il nous eſt impoſſible d'atteindre.

LX.

QUE chacun examine donc les qualités qui lui sont propres, & qu'il s'applique à les régler ; qu'il ne s'avise pas d'essayer si les qualités des autres ne lui siéroient pas mieux que les siennes. Rien ne sied mieux à personne que ce qui lui appartient.

LXI.

ÉTUDIONS notre génie, soyons des juges séveres de nos bonnes qualités & de nos défauts. Ne souffrons pas que les comédiens montrent plus de prudence que nous : ils ne choisissent pas toujours les plus beaux rôles, mais ceux qui conviennent le mieux à leurs facultés. Appliquons-nous donc sur-tout aux parties auxquelles nous sommes le plus propres : & si la nécessité nous oblige d'embraſser des emplois qui répondent moins à nos talents naturels, donnons tous nos soins, appliquons toute notre intelligence, réuniſsons toute notre induſtrie, pour les remplir, ſinon avec éclat, au moins ſans reproche.

LXII.

DANS notre repos, dans notre démarche, lorſque nous ſommes aſſis ou étendus ſur des lits de table (1), que notre viſage, nos regards, les mouvements de nos mains, ſoient toujours réglés ſur la décence. Il eſt en cela deux défauts que nous devons éviter : que rien ne ſoit en nous efféminé, ne tienne à la mol-

(1) Les Romains mangeoient ſur des eſpeces de lits de repos.

lesse; qu'en nous, rien ne soit rude ni grossier.

LXIII.

C'EST le devoir d'un magistrat de se souvenir qu'il représente l'état, qu'il est chargé d'en soutenir la gloire & la dignité, de maintenir les loix, de distribuer la justice, & de conserver les droits du citoyen, qui lui sont confiés.

LXIV.

L'HOMME privé doit vivre comme égal avec ses concitoyens, sans bassesse, sans abjection, sans hauteur; ne rien vouloir que d'honnête, & contribuer, par sa conduite, à maintenir le repos de la société.

LXV.

NE nous emparons pas exclusivement de la conversation comme

d'un bien qui nous appartienne en propre : il faut, dans l'entretien, comme en toute autre chose, laisser aux autres leur part.

LXVI.

OBSERVEZ le sujet de la conversation : les choses sérieuses exigent de la gravité; les matieres enjouées, de l'agrément. Évitez sur-tout de donner par vos discours une mauvaise idée de votre caractere : c'est ce qui ne manquera pas d'arriver, si vous cherchez l'occasion de détruire les absents, de les couvrir de ridicules, de les juger avec dureté, de les déchirer par la médisance, de les couvrir d'opprobre.

LXVII.

AYEZ grand soin de marquer une sorte d'amour & de respect à

ceux avec qui vous converſez.

LXVIII.

DANS les conteſtations que nous pourrons avoir avec nos plus grands ennemis, lors même qu'ils s'oublieront juſqu'à nous accabler d'injures atroces, faiſons un effort ſur nous-mêmes, gardons notre ſang-froid, réprimons les accès de la colere. Si nous nous laiſsons une fois troubler, nous ne ſaurons plus obſerver de meſures, & nous finirons par voir s'élever contre nous tous ceux qui pourront nous entendre.

LXIX.

LA dignité d'un homme en place peut recevoir encore quelque nouvel éclat par la beauté de ſa maiſon : mais ce n'eſt pas dans l'architecture de ſa maiſon qu'il doit chercher toute ſa dignité. Il faut que le maître faſse honneur à ſon habitation, & non pas que l'habitation faſse tout le mérite du maître.

LXX.

CEUX qui ont conſacré leur vie à l'étude, & qui en ont employé tous les inſtants à s'enrichir de nouvelles connoiſsances, ne peuvent être accusés d'avoir abandonné l'utilité commune. La patrie leur doit au contraire de grands avantages : les lumieres qu'ils ont communiquées ont éclairé leurs concitoyens, les ont rendus meilleurs & plus propres à ſervir l'état.

LXXI.

C'EST peu que les ſavants inſtruiſent pendant leur vie ceux qui ſe plaiſent à profiter de leurs leçons :

les ouvrages qu'ils laiſsent après eux ne rendent pas à la poſtérité moins de ſervices qu'eux-mêmes n'en ont rendu à leurs contemporains.

LXXII.

ON s'eſt inſenſiblement écarté de la vérité : on en eſt venu juſqu'à séparer l'honnête de l'utile, juſqu'à ſuppoſer qu'il y a quelque choſe d'honnête qui n'eſt pas utile, & quelque choſe d'utile qui n'eſt pas honnête. Jamais l'homme ne pourra concevoir une opinion plus fauſse à la fois & plus pernicieuſe, plus funeſte aux bonnes mœurs.

LXXIII.

IL faut abſolument que ceux qui cherchent à donner de la crainte, redoutent eux-mêmes ceux à qui ils en veulent inſpirer.

LXXIV.

LE meilleur moyen de conſerver les avantages dont nous jouiſsons, c'eſt de nous faire aimer; le pire eſt de nous faire craindre. C'eſt une mauvaiſe eſcorte que la terreur; elle défendra bien mal notre vie: mais la bienveillance eſt toujours une garde fidele.

LXXV.

DANS quelle agitation penſerons-nous que vivoit Alexandre, le tyran de Phere? Il aimoit tendrement ſa femme Thébé: cependant il n'entroit jamais chez elle qu'il ne fit marcher devant lui, l'épée nue à la main, un ſoldat de Thrace marqué au front ſuivant l'uſage de ces barbares. Il envoyoit des gardes viſiter les coffres, craignant qu'un poignard ne fût caché parmi les hardes de ſa femme. Le malheureux ! il en étoit réduit à croire un barbare plus fidele que ſon épouſe !

LXXVI.

VOULEZ-VOUS mériter de la confiance ? joignez la juſtice à l'habileté. La juſtice ſans prudence aura ſeule encore beaucoup de force ; la prudence ſans juſtice n'eſt bonne à rien.

LXXVII.

SI tel eſt le pouvoir de la juſtice que les brigands eux-mêmes ne puiſſent ſans elle augmenter leurs richeſses, ni ſe maintenir ; quelle penſez-vous que sera ſa puiſsance, quand elle dictera les loix, quand elle prononcera les jugements dans un état bien conſtitué ?

LXXVIII.

CROIRE que, par la fourberie, par une vaine ostentation, par une physionomie composée, par le mensonge, on puisse acquérir une gloire solide, c'est être bien loin de la vérité. La vraie gloire jette de profondes racines, croît & se propage : tout ce qui est faux se flétrit & tombe, comme une fleur qui ne brille qu'un jour : rien de contrefait ne peut avoir une longue durée.

LXXIX.

DONNONS avec noblesse, retirons sans dureté ce qu'on peut nous devoir. S'agit-il d'acheter, de vendre, de louer, d'établir les limites de nos possessions, d'en régler les bornes avec nos voisins, dans toutes nos affaires enfin montrons-nous justes & faciles. Evitons les procès autant qu'on peut raisonnablement le faire : j'oserois même dire, un peu plus qu'on ne le peut raisonnablement ; car ce n'est pas seulement une générosité, c'est souvent un grand avantage de relâcher quelque chose de ses droits.

LXXX.

LES sociétés humaines ont été principalement établies pour assurer à chacun la conservation de ses propriétés. Je sais bien que la nature elle-même portoit les hommes à se réunir ; mais ce fut sur-tout pour mettre leurs biens en sûreté qu'ils se renfermerent dans les murailles des villes. S'il est donc indispensable de porter quelque atteinte à la propriété par des levées de tributs, qu'on fasse du moins comprendre à tous les citoyens qu'on a pour but leur propre conservation, & qu'ils doivent se soumettre à la nécessité.

LXXXI.

PUBLIUS SCIPION, celui qui mérita le premier le surnom d'Africain, disoit souvent qu'il n'étoit jamais moins sans affaires que lorsqu'il n'avoit rien à faire, & que jamais il n'étoit moins seul que dans la solitude : parole remarquable & bien digne d'un aussi grand homme & d'un esprit aussi sage ! Il méditoit, dans le sein du repos, les plus grandes affaires ; &, dans la solitude, il s'entretenoit avec lui-même. Ainsi jamais son ame ne tomboit dans l'inaction, &, pour être occupé, il n'avoit beſoin de l'entretien de perſonne. Le repos & la ſolitude, qui jettent dans la langueur les eſprits ordinaires, ne faiſoient que donner à ſon génie un nouvel eſsor.

LXXXII.

NON ſeulement entre les maux qu'on ne peut éviter il faut tâcher de choiſir les plus ſupportables, mais il faut chercher encore ſi l'on ne pourroit pas en tirer quelque avantage.

LXXXIII.

COMME, ſi chaque membre croyoit pouvoir ajouter à ſa vigueur en tirant à lui toute la force du membre voiſin, il faudroit bientôt que le corps entier languît & mourût; de même, ſi chacun de nous cherchoit à réunir ſur lui ſeul tous les avantages de la ſociété, & à enlever aux autres tout ce qu'il pourroit leur ravir, il seroit impoſſible que la ſociété ne fût pas bientôt détruite entre les hommes.

LXXXIV.

LA nature elle-même nous permet d'aimer mieux acquérir pour nous-mêmes que pour les autres ce qui eſt néceſsaire aux uſages de la vie : mais elle ne ſouffre pas que nous augmentions de la dépouille des autres nos facultés, nos biens, nos reſsources.

LXXXV.

CHACUN doit ſe propoſer pour regle de ſa conduite, que ſa propre utilité ſoit en même temps celle de tous.

LXXXVI.

S'IL eſt vrai que la nature elle-même preſcrive à l'homme d'être utile à ſon ſemblable, par la ſeule raiſon qu'il eſt homme, elle veut donc auſſi que tous les intérêts particuliers ſe réuniſsent pour l'intérêt commun.

LXXXVII.

LE sage, près d'être conſumé par la faim, ne pourra-t-il pas arracher la ſubſiſtance à quelque miſérable qui n'eſt bon à rien? Non, ſans doute; car il eſt moins utile de vivre, que d'être bien perſuadé qu'on ne doit faire à perſonne aucun tort pour ſon propre intérêt.

LXXXVIII.

PRESCRIRE un reſpect religieux pour les droits des citoyens, & prétendre en même temps qu'on ne doit aucun égard à ceux des étrangers, c'eſt diſsoudre cette union ſacrée qui lie tous les hommes entre eux; c'eſt détruire à la fois la bienfaiſance, l'humanité, la bonté, la juſtice; c'eſt enfin ſe montrer impie envers les dieux eux-mêmes. Peut-on en effet, ſans impiété, renverſer la ſociété humaine fondée par leur ſageſse? Et quel eſt le lien le plus étroit de cette ſociété? C'eſt la ferme perſuaſion que l'homme ne doit rien enlever à l'homme pour ſon propre avantage; qu'il n'eſt pas de plus ſanglant outrage qu'on puiſse faire à la nature; & qu'il vaut mieux ſupporter les diſgraces de la fortune, les maladies du corps, les maux de l'eſprit, tout ce qui peut enfin nous arriver de funeſte, que d'attenter à la juſtice : car elle ſeule eſt la maîtreſse du monde, & la reine de toutes les vertus.

LXXXIX.

NOUS pourrions en vain tromper les regards des hommes & même des dieux, il ne nous seroit pas encore permis de nous livrer à l'avarice, à la débauche, à l'incontinence, à l'iniquité. C'eſt ce que nous devons reconnoître, ſi nous avons fait les moindres progrès dans la philoſophie.

Platon raconte à ce ſujet l'aventure de Gygès, berger du roi de Lydie. Des pluies avoient fait à la terre une profonde ouverture; Gygès y deſcendit, & apperçut, dit la fable, un cheval d'airain dont les flancs s'ouvroient par des eſpeces de portes. Il trouve, dans le corps de l'animal, un cadavre d'une grandeur extraordinaire, qui avoit au doigt un anneau d'or. Il enleve l'anneau, le met; & ſe rend auprès des autres bergers. Quand il tournoit en-deſſous le chaton de la bague, il n'étoit vu de perſonne & voyoit tout le monde; il redevenoit viſible quand il remettoit la pierre en dehors. Il mit à profit la vertu de cet anneau, déshonora la reine, tua le roi ſon maître avec le ſecours de cette princeſſe, & ſe défit de tous ceux qui pouvoient mettre obſtacle à ſes deſſeins. C'eſt ainſi que, grace à ſon anneau, multipliant les crimes ſans craindre l'œil des témoins, il devint bientôt roi de Lydie.

Mais ſuppoſons qu'un sage devînt le poſseſseur de cette bague merveilleuſe, il ne ſe croiroit pas plus permis qu'auparavant de mal faire ; car ce n'eſt pas le ſecret, mais l'honnêteté, que cherchent les gens de bien.

XC.

CE qui eſt honteux ne peut jamais être utile, quand il nous feroit même acquérir ce que nous appellons de grands avantages : car c'eſt déjà le malheur le plus déplorable que de regarder comme utile ce qui eſt malhonnête.

XCI.

LE meilleur héritage qu'un pere puiſse laiſser à ſes enfants, héritage préférable aux plus riches patrimoines, c'eſt la gloire de ſes vertus &

de ſes belles actions. Imprimer une tache à la gloire de ſes ancêtres, c'eſt un crime, c'eſt une impiété.

XCII.

PRÉTENDRE qu'on n'eſt pas obligé de tenir la parole donnée à l'homme infidele & perfide, c'eſt chercher une fauſse & coupable excuſe au parjure.

XCIII.

C'EST le devoir de la jeuneſse de reſpecter les hommes avancés en âge, de choiſir entre eux ceux à qui leur ſageſse a mérité la meilleure réputation, & de ſe conduire par leurs conſeils & leur autorité : car la jeuneſse doit être éclairée & conduite par la prudence des vieillards. Il faut ſur-tout l'éloigner des plaiſirs licencieux, & former ſon corps

& ſon eſprit au travail & à la patience, afin de lui préparer toute la vigueur néceſsaire aux travaux de la guerre & de la paix.

XCIV.

LA plus douce, la plus ſolide des unions eſt celle que forment des hommes honnêtes, également liés par la conformité de leurs vertus & par les nœuds de l'amitié : car la vertu nous attire par un charme puiſsant, & nous porte à chérir ceux qui paroiſsent l'aimer. Eſt-il rien de plus touchant, rien de plus intéreſsant que l'heureux accord des bonnes mœurs ? Des amis qu'ont rapprochés les mêmes inclinations, les mêmes goûts, ſe chériſsent mutuellement autant qu'ils s'aiment eux-mêmes.

C'eſt encore un bien puiſsant lien que celui des bienfaits accordés, reçus, avec une égale pureté de cœur.

Mais quel amour eſt comparable à celui que nous inſpire la patrie? Nous aimons les auteurs de nos jours; nous chériſsons nos parents, nos enfants, nos amis: mais ces différents amours, la patrie les embraſse tous; & quel bon citoyen refuſeroit de mourir pour elle, ſi, par ſa mort, il pouvoit la ſervir?

XCV.

CEUX qui n'ont en eux-mêmes aucune reſsource pour charmer le cours de leur vie, trouveront que tous les âges sont un fardeau peſant à ſoutenir: mais ſi l'on ne cherche ſa félicité que dans ſon propre cœur, on ſaura trouver des douceurs en tout ce que la nature & la néceſſité nous impoſent.

XCVI.

TOUS ſouhaitent de parvenir à la vieilleſse, tous l'accuſent quand ils y sont parvenus : tant eſt grande notre inconſtance, la légèreté de nos vœux & notre perverſité ! Mais, diſent-ils, elle eſt venue plutôt que nous ne penſions. Eh ! qui vous obligeoit à penſer faux ? A-t-elle donc ſuccédé plutôt à l'adoleſcence que l'adoleſcence aux premieres années de la vie ? La trouveroient-ils moins peſante ſi elle s'étoit fait attendre huit ſiecles, que lorſqu'elle vient à quatre-vingts ans ? Croyez-moi, la plus longue durée d'un âge écoulé ne pourroit adoucir les chagrins d'une folle vieilleſse.

XCVII.

LES vieillards doux, modérés, & d'une humeur facile, jouiſsent d'une vieilleſse ſupportable : l'humeur difficile & chagrine rend désagréable à tout âge.

XCVIII.

JOINTE à la grande miſere, la vieilleſse n'a pas de douceurs même pour le sage : unie à la plus grande fortune, elle eſt encore fâcheuſe pour l'inſensé.

XCIX.

GORGIAS, maître d'Iſocrate, vécut cent ſept ans, & ne ceſsa jamais de s'appliquer à l'étude. On lui demandoit un jour s'il avoit du plaiſir à vivre ſi long-temps. Je n'ai pas, dit-il, à me plaindre de la vieilleſse.

C.

Les insensés rejettent sur la vieillesse leurs fautes & leurs vices.

CI.

Dira-t-on que la vieillesse nous rend incapables des affaires ? Desquelles ? de celles qui conviennent à la jeunesse, & qui exigent des forces. Mais n'est-il donc rien dont un vieillard soit capable, rien qu'on puisse faire avec un esprit sain & un corps affoibli ?

CII.

Le grand âge nuit à la mémoire : mais je n'ai jamais entendu dire qu'un vieillard ait oublié l'endroit où il a caché son trésor ; il se ressouvient à merveille de tout ce qui l'intéresse ; il sait fort bien à qui il a affermé ses terres, quels sont ſes créanciers & ſur-tout ſes débiteurs.

CIII.

LES reſpects, l'amour de la jeuneſse font le charme de l'âge avancé. Comme les ſages vieillards ſe plaiſent à la converſation des jeunes gens qui montrent un heureux caractere, de même la jeuneſse honnête aime à recevoir les leçons des vieillards, & à ſe laiſser guider par eux dans l'étude de la vertu.

CIV.

JE ne deſire pas plus aujourd'hui les forces de la jeuneſse, que je ne deſirois autrefois celles de l'éléphant. Il faut mettre en uſage ce qui nous eſt accordé, & ne rien entreprendre qui ſurpaſse nos forces.

CV.

JE n'approuve pas cet ancien proverbe qui nous engage à devenir vieux de bonne heure, ſi nous voulons l'être long-temps : j'aime mieux être moins long-temps vieux, que de l'être avant de le devenir.

CVI.

IL eſt un grand nombre de vieillards ſi foibles, qu'incapables de tout, ils ont à peine la force de vivre : mais ce n'eſt point un défaut propre à la vieilleſse ; c'eſt un vice de ſanté commun à tous les âges. Eſt-il bien étonnant que des vieillards ſoient foibles, lorſque tant de jeunes gens le sont auſſi ?

CVII.

LE corps s'appeſantit par les exercices violents & par la fatigue exceſſive : l'eſprit devient plus actif & plus léger par l'exercice.

CVIII.

J'AIME à voir, dans un jeune homme, quelques bonnes qualités de la vieilleſse ; & quelques bonnes qualités de la jeuneſse dans un vieillard.

CIX.

LA vieilleſse eſt plus foiblement chatouillée par la volupté : mais elle n'en a pas même le deſir. Ecartez le deſir, aucune privation n'eſt douloureuſe.

CX.

LE déréglement des mœurs, honteux à tout âge, devient ſur-tout odieux dans la vieilleſse : mais ſi l'impudicité s'y joint, c'eſt un double malheur ; car la vieilleſse ſe couvre d'opprobre, & la jeunesse vicieuse reçoit un encouragement à son impudence.

CXI.

Ce qui inquiete, ce qui tourmente sur-tout l'âge avancé, c'est l'approche de la mort : car enfin elle ne peut être alors fort éloignée. O misérable vieillard, qui n'as pu apprendre dans le cours d'une si longue vie à mépriser la mort !

CXII.

Mais quel est même le jeune homme assez insensé pour oser se répondre qu'il vivra jusqu'au soir ? Les causes de la mort sont en bien plus grand nombre à son âge que sur le déclin de la vie ; on tombe plus aisément malade, les maladies sont plus graves & plus difficiles à guérir. Auſſi combien peu parviennent à la vieilleſse !

CXIII.

La perte de nos forces eſt bien plus ſouvent causée par les vices de la jeuneſse que par les ravages des années. C'eſt la jeuneſse intempérante & licencieuſe qui livre à la vieilleſse un corps usé.

CXIV.

Rien ne me ſemble long dès que j'en prévois le terme. Quand une fois ce terme eſt venu, tout ce qui a pu le précéder eſt écoulé. Que vous en reſte-t-il ? ce que vous avez acquis par vos bonnes actions & vos vertus. Les heures, les jours, les mois, les années, tout fuit : le temps paſsé ne revient plus, & l'on ne peut ſavoir ce qui doit ſuivre.

CXV.

DES raiſonneurs qui ſe perdent dans de vaines ſubtilités, ſoutiennent que nul n'eſt honnête que le sage. Je suis de leur avis. Mais ſi l'on écoute la définition qu'ils donnent de la ſageſse, jamais encore elle ne fut accordée à aucun mortel. Pour nous, sachons nous contenter des vertus d'uſage, néceſsaires dans la vie commune, ſans rechercher une perfection qu'on peut tout au plus deſirer, & qui n'exiſte que dans des fables.

CXVI.

FERMES & conſtants dans leurs principes, d'une fidélité éprouvée, d'une intégrité ſans reproche, d'une ſévere équité, incapables de ſe livrer à leurs paſſions, à une audace effrénée, à la cupidité; tels sont les hommes qui ont toujours paſsé pour honnêtes, & nous ne croyons pas devoir leur refuſer ce titre. Ils ont, autant qu'il eſt permis à notre foibleſse, choiſi la nature pour guide: eh! qui pourroit mieux qu'elle diriger notre conduite?

CXVII.

JE ne me repentirai pas d'avoir vécu, ſi j'ai vécu de maniere à me rendre témoignage que je ne suis pas né en vain.

CXVIII.

C'EST bien juſtement qu'on a placé le ſouverain bien dans la vertu. La vertu fait naître l'amitié, qui ne peut ſubſiſter ſans elle.

CXIX.

EST-IL rien de plus doux que

d'avoir un ami avec lequel on puiſse converſer comme avec soi-même ? Combien notre bonheur ne perdroit-il pas de ſes charmes, ſi perſonne ne daignoit s'en réjouir avec nous ! Que nos malheurs seroient durs à ſupporter, ſans un ami qui les reſsentît encore plus vivement que nous-mêmes ! Les divers objets de nos deſirs ont leurs avantages particuliers : on peut faire un bon uſage des richeſses, la puiſsance nous attire des honneurs & du reſpect, la volupté procure des jouiſsances, la ſanté laiſse à nos facultés corporelles toute leur activité, & nous ſouſtrait aux atteintes de la douleur. Mais combien d'avantages divers réunit l'amitié ! de quelque côté que vous vous tourniez, elle est prête; elle n'est exclue d'aucun lieu; jamais elle n'importune, jamais elle ne vient à contre-temps; elle prête un nouvel éclat à la prospérité, & l'adversité qu'elle partage perd beaucoup de son amertume.

CXX.

SI vous ôtez de la vie le lien de la bienveillance, les maisons ne pourront subsister, les villes seront renversées, les champs resteront sans culture.

CXXI.

RIEN de plus aimable que la vertu, rien qui gagne plus sûrement les cœurs: nous aimons des hommes que nous n'avons jamais vus, sur le seul récit de leurs belles actions.

CXXII.

LA premiere loi de l'amitié veut

que nous ne demandions que des choſes honnêtes à nos amis, que nous ne faſſions pour eux que des choſes honnêtes. N'attendons pas qu'ils nous prient. Que notre zele ſoit toujours prêt à les ſervir; que notre cœur les prévienne. Aimons à les éclairer de nos conſeils, & donnons-les avec liberté. Mais que les ſages avis d'un ami prudent aient une juſte autorité. Reprenons nos amis ſans détour, &, s'il le faut, reprenons-les avec force; mais qu'ils sachent obéir eux-mêmes à de juſtes réprimandes.

CXXIII.

PEUT-ON jamais aimer celui que l'on craint? Peut-on jamais aimer celui de qui l'on croit être redouté? Ceux qui répandent autour d'eux la terreur, peuvent bien recevoir quelque temps les hommages d'une feinte amitié : mais qu'ils tombent, ce qui arrive preſque toujours, & l'on reconnoîtra combien ils étoient pauvres en amis.

CXXIV.

TARQUIN, dans ſon exil, déclara qu'il n'avoit diſtingué ſes vrais amis de ſes courtiſans perfides, que depuis qu'il ne pouvoit plus obliger perſonne.

CXXV.

NON ſeulement la fortune eſt aveugle, mais elle rend aveugles ceux qu'elle careſſe.

CXXVI.

QU'ILS sont inſensés ces hommes riches & puiſsantes! Ils raſsemblent des tréſors, des chevaux, des esclaves, de riches habits, des vases précieux : & ils négligent d'acquérir des amis, le plus beau, le plus utile des trésors ! Mais encore pour qui les voyons-nous entasser tant de richesses ? pour qui les voyons-nous se donner tant de peines ? Pour un homme plus puissant qu'eux, dont tout cela va peut-être devenir la proie. Mais la possession d'un ami tendre & fidele reste à celui qui l'a méritée.

CXXVII.

METTONS tant de soins dans le choix d'un ami, que nous ne commencions jamais à aimer celui que nous pourrions haïr un jour.

CXXVIII.

CRAIGNEZ de vous livrer à de folles impétuosités de tendresse ; il eſt de la prudence d'éprouver ſes amis. Quelques uns, pour le plus foible intérêt, mettront à découvert toute leur légèreté ; d'autres ſavent réſiſter à de médiocres avantages ; mais vous les verrez ſe trahir dès qu'ils ſe trouveront bien payés de leur perfidie : on en trouvera qui croiroient honteux de préférer l'argent à l'amitié ; mais en rencontrerez-vous qui ne la ſacrifient pas aux honneurs, aux magiſtratures, au commandement, à la grandeur, au pouvoir ? Où trouver celui qui préférera la gloire de ſon ami à ſa propre gloire ? Où eſt-il du moins cet homme qui partagera ſans peine le sort d'un ami malheureux ?

CXXIX.

UN caractere liant & facile, une

conversation douce, sont les premiers assaisonnements de l'amitié. L'humeur triste & sévere a bien quelque gravité : mais l'amitié veut plus d'aisance & de liberté, de douceur & d'indulgence.

CXXX.

LA plupart des hommes ne connoissent rien de bon au monde que ce qui peut leur rapporter du profit. Ils choisissent des amis comme nous ferions des bestiaux, & préferent ceux dont ils comptent tirer le meilleur parti.

CXXXI.

DÉSESPÉRONS de celui dont les oreilles sont fermées à la vérité, & qui ne peut l'entendre même de la bouche d'un ami. Souvent, dit très bien Caton, l'aigreur de la haine nous ſert mieux que la douceur apparente de l'amitié. Notre ennemi nous dit toujours la vérité ; l'ami trop complaiſant ne nous la dit jamais.

CXXXII.

Il faut n'avoir aucune idée des procédés honnêtes, pour ſe croire permis de montrer en public & de lire à haute voix les lettres d'un ami dans leſquelles il ſe trouve des traits capables de lui nuire. Ne pas reſpecter les entretiens des amis abſents, c'eſt rompre la ſociété même.

CXXXIII.

Il eſt triſte de mourir avant le temps : vain propos de bonne femme ! Avant quel temps ? avant celui que preſcrit la nature ? Mais elle nous a prêté la vie ſans fixer de terme pour la reprendre. Quel ſujet avez-vous de vous plaindre, ſi elle vous la redemande quand il lui plaît? Ce n'eſt qu'à cette condition que vous l'avez reçue.

CXXXIV.

UN enfant meurt, on croit devoir s'en conſoler : il meurt au berceau, on ne penſe pas même à ſe plaindre. Mais vous voyez bien que la nature lui redemande plus rigoureuſement qu'aux autres ce qu'elle lui avoit prêté. Il n'avoit pas encore, dira-t-on, goûté le plaiſir de vivre; &, quand on a commencé à jouir de la vie, on a déjà formé de grandes eſpérances. Mais, en toute autre occaſion, on aime mieux obtenir quelque choſe que de ſe voir tout refuſer : pourquoi n'en eſt-il pas de même de la vie ? Callimaque a fait une réflexion bien ſage : Le vieux Priam, dit-il, a versé bien plus de larmes que le jeune Troïle.

CXXXV.

Ne regardons comme un mal rien de ce qu'ont déterminé les dieux & la nature. Nous n'avons pas été créés par un aveugle haſard : il eſt ſans doute une puiſſance qui veille ſur le genre humain ; & elle ne l'auroit pas formé, elle ne l'auroit pas conſervé pour le faire tomber, après un long cours de miſeres, dans le mal éternel de la mort. Regardons plutôt la mort comme un aſyle qui nous attend, comme un port aſsuré : eh ! puſſions-nous y être portés à pleines voiles ! Mais ſi notre courſe eſt ralentie par les vents contraires, il faudra bien du moins y aborder un peu plus tard ; & ce que la nature impoſe à tous également, le puis-je regarder comme un malheur ?

CXXXVI.

COMPARONS à l'éternité la plus longue vie de l'homme : elle nous paroîtra preſque auſſi courte que celle de ces inſectes qui ne vivent qu'un jour.

CXXXVII.

LA mort devient facile à ſupporter quand on peut ſe conſoler, en ſes derniers inſtants, par le ſouvenir d'une belle vie.

CXXXVIII.

IL n'eſt pas permis à l'homme de quitter la vie ſans l'ordre de celui dont il l'a reçue : ce ſeroit abandonner le poſte qui lui a été aſſigné par Dieu même.

CXXXIX.

JE recommande l'étude des lettres. Mais, direz-vous, ces grands hommes dont la poſtérité célebre les belles actions, avoient-ils ces hautes connoiſsances dont vous faites tant d'éloges ? Il seroit difficile de l'aſsurer de tous; mais je ne me ſens pas embarraſsé de répondre. J'ai connu bien des hommes d'un rare mérite, d'une vertu éminente, qui, ſans inſtruction, & par la ſeule impulſion d'un naturel heureux & en quelque sorte divin, ſe sont diſtingués par leur ſageſse & la pureté de leurs mœurs. J'ajouterai même que le naturel, ſans inſtruction, conduit bien plus sûrement à la gloire & à la vertu, que l'instruction qui n'est pas secondée par les dons de la nature : mais je soutiens qu'une bonne éducation jointe à des penchants généreux produit toujours je ne sais quoi de singulier & de brillant.

CXL.

OUBLIONS les avantages que procurent les lettres, & regardons-les comme un pur délassement : elles seront toujours, ce me semble, la plus honnête récréation que puisse prendre un homme bien né. Tous les autres plaisirs ne sont ni de tous les temps, ni de tous les lieux, ni de tous les âges : mais les études nourrissent la jeunesse, & font le charme de l'âge avancé ; elles parent la fortune, & nous offrent la plus douce consolation dans l'adverſité ; dans l'intérieur de nos maiſons, elles font nos plaiſirs ; au dehors, elles ne cauſent point d'embarras ; elles voyagent avec nous, elles nous ſuivent à la campagne. Ceux que leur goût n'entraîne pas vers la culture des lettres, ou qui manquent des diſpoſitions néceſſaires pour s'y livrer, devroient au moins les admirer dans les autres.

CXLI.

NOUS ſommes tous entraînés par l'amour de la gloire, & les plus eſtimables des hommes en sont le plus vivement pénétrés. Les philoſophes eux-mêmes ont soin de mettre leurs noms à la tête des ouvrages qu'ils écrivent ſur le mépris de la gloire : ils veulent être loués, ils veulent être célébrés, lors même qu'ils paroiſsent mépriſer la louange & l'eſtime des hommes.

CXLII.

LA vertu ne demande d'autre prix de ſes travaux & des dangers qu'elle brave, qu'un tribut de louanges & de gloire. Otez-nous cette récompenſe ; qui pourra nous engager, dans la courte durée de cette vie, à nous embarraſser de tant de soins ?

CXLIII.

SI notre eſprit ne ſe tranſportoit pas dans les temps à venir, s'il reſserroit ſes pensées dans l'eſpace étroit de la vie, qui pourroit ſe ſoumettre à tant de fatigues, ſe condamner à de ſi rudes veilles, abandonner ſi volontiers le soin de ſa conſervation ? Mais il réſide dans les grands hommes une force ſecrete qui leur fait ſentir nuit & jour l'aiguillon de la gloire ; elle les avertit que la mémoire de leur nom, loin de ſe borner aux courts inſtants de cette vie, doit franchir l'immenſe étendue des siecles à venir, & s'élancer juſqu'à la derniere poſtérité.

CXLIV.

ON demandoit à Socrate s'il regardoit en effet comme heureux le fils de Perdiccas, Archelaüs, qui paſsoit alors pour le plus fortuné des hommes. Je l'ignore, dit-il, car je ne lui ai jamais parlé. — Mais quoi ! n'avez-vous pas d'autre moyen de le ſavoir ? — Aucun. — Vous ne pourriez donc pas dire non plus ſi le grand roi, le monarque de Perſe, eſt heureux ? — Eh ! comment le pourrois-je ? j'ignore s'il eſt éclairé, s'il eſt homme de bien. — Quoi ! c'eſt donc en cela que vous faites conſiſter le bonheur de la vie ? — Aſsurément : je crois que les bons sont heureux, & que les méchants sont misérables. — Archelaüs eſt donc misérable ? — Sans doute, s'il eſt injuſte.

CXLV.

Si la fortune nous enleve nos richeſses, ſi l'injuſtice nous les ravit ; tant que la réputation reſte, l'honneur peut nous conſoler aisément de la pauvreté.

CXLVI.

Il répugne à l'homme honnête & ſenſible de prononcer, même juſtement, la mort d'un citoyen. Il aime mieux pouvoir ſe reſſouvenir un jour d'avoir conſervé celui qu'il pouvoit perdre, que d'avoir perdu celui qu'il pouvoit épargner.

CXLVII.

SOUVENT une mort honorable répare la honte de la vie.

CXLVIII.

COMME tous les champs ne produiſent ni les mêmes arbres ni les mêmes fruits, ainſi tous les genres de vie n'engagent pas à la même conduite. Dans les villes regne la diſſolution ; elle produit l'avarice, qui enfante l'audace, d'où naiſſent tous les crimes. La vie ruſtique, qu'on appelle groſſiere, n'enſeigne que l'économie, la diligence, la juſtice.

CXLIX.

JE préfere le témoignage de ma

conſcience à tous les diſcours des hommes.

CL.

Je ne connois rien de plus louable que ce qui ſe fait ſans oſtentation & loin des yeux du public. Ce n'eſt pas qu'il faille éviter ſes regards, car les belles actions aiment à ſe montrer au grand jour; mais la conſcience eſt le plus beau théâtre de la vertu.

CLI.

Il eſt une loi véritable; c'eſt la droite raiſon, conforme à la nature, & répandue dans tous les hommes: elle eſt éternelle, elle eſt invariable; ſes ordres nous appellent au devoir, & ſes défenſes nous détournent du crime. Ce n'eſt jamais en vain pour les hommes vertueux qu'elle interdit ou qu'elle commande : les méchants ſeuls ne sont pas touchés de ſa voix. On ne peut remplacer cette loi par une loi contraire : il eſt également défendu d'y déroger & de l'abroger ; le peuple ni le sénat n'ont pas le droit d'en diſpenſer. Facile à comprendre, elle-même eſt ſon interprete : elle n'eſt pas différente à Rome & différente à Athenes ; elle eſt aujourd'hui ce qu'elle sera demain. Eternelle, immuable, elle oblige toutes les nations, & dans tous les temps ; ou plutôt c'eſt Dieu même qui, par elle, conduit tous les hommes & leur commande. Lui ſeul l'a conçue, lui ſeul l'a ratifiée, lui ſeul l'a promulguée. L'audacieux qui, s'oubliant lui-même & foulant aux pieds l'humanité, ne craindra pas d'attenter à cette loi, trouvera dans ſon crime même la plus cruelle punition, quand il pourroit ſe ſouſtraire à ce que nous appellons des ſupplices.

CLII.

CE n'eſt donc pas la juſtice, qui autrefois n'étoit exercée nulle part, qui ne l'eſt pas encore par-tout, & qui bien ſouvent eſt trompée, c'eſt la conſcience, qui fait la peine du méchant. Ce ne sont pas, comme dans les fables, les torches ardentes des furies qui pourſuivent le coupable; c'eſt le cri de ſa conſcience, le remords dévorant & le ſouvenir rongeur de ſon crime.

CLIII.

SOCRATE avoit bien raiſon de

dire que le plus court chemin de l'honneur étoit d'être en effet ce qu'on desire de paroître.

CLIV.

QU'ON me raille si l'on veut : j'aime mieux suivre la droite raison que les préjugés du vulgaire, & je ne dirai jamais qu'un homme a perdu son bien parcequ'il a perdu son mobilier & ses bestiaux. On ne m'empêchera pas de répéter souvent les louanges de Bias, qu'on met au nombre des sept sages. L'ennemi s'emparoit de Priene, sa patrie ; tout le monde fuyoit, & chacun tâchoit d'emporter ce qu'il pouvoit de ses richesses. On l'engageoit à en faire autant : « C'est aussi ce « que je fais, répondit-il, j'emporte « avec moi tout ce qui m'appar-

« tient ». Il ne regardoit pas comme des choſes qui lui fuſsent propres ces jouets de la fortune que nous appellons des biens. Et qu'eſt-ce donc que le bien ? Ce qui eſt conforme à la droiture, à l'honneur, à la vertu.

CLV.

On demandoit à Thémiſtocle lequel il aimeroit le mieux pour ſon gendre, d'un honnête homme ſans bien, ou d'un homme riche, mais d'une réputation moins pure. « J'aime mieux, dit-il, un homme « ſans argent, que de l'argent ſans « homme. »

CLVI.

Plus on eſt vertueux, & plus on a de peine à ſoupçonner la vertu des autres.

CLVII.

SOCRATE regardoit porter en triomphe de grosses sommes d'or & d'argent : « Que de choses, s'écria- « t-il, dont je n'ai pas besoin ! »

CLVIII.

IL est de l'homme de se tromper, & d'un fou de persévérer dans son erreur.

CLIX.

DENYS, tyran de Syracuse, sentoit bien lui-même toute sa misere. Il entendoit un jour Damoclès, l'un de ses flatteurs, exalter ses ressources, l'éclat de sa puissance, le nombre de ses troupes, la magnificence de ses palais, ses richesses en tout genre, & soutenir qu'il étoit le plus heureux des hommes. « Puisque ma « fortune a tant de charmes à tes

« yeux, lui répondit le tyran, veux-« tu, mon cher Damoclès, en faire « l'épreuve par toi-même, & goû-« ter un peu de mon bonheur ? » Il accepta volontiers. On le plaça ſur un lit d'or couvert des plus riches carreaux & d'un tapis du travail le plus recherché ; une vaiſselle d'or & d'argent ornoit les buffets ; de jeunes eſclaves de la plus grande beauté ſervoient à table, attentifs à ſes moindres ſignes, & prêts à prévenir tous ſes ordres ; les eſsences, les guirlandes de fleurs, les parfums, étoient prodigués ; les tables étoient couvertes des mets les plus exquis : Damoclès ſe croyoit heureux. Au milieu de cet appareil, Denys fait attacher au plafond de la ſalle un glaive étincelant, qui, retenu ſeulement par un crin de cheval, menaçoit la tête de cet homme ſi fortuné. Damoclès ne voit plus ni ces beaux eſclaves qui le ſervent, ni cette vaiſſelle travaillée avec tant d'art; il ne peut mettre la main à aucun plat; les guirlandes qui le couronnent tombent de ſa tête : il ſupplie le tyran de lui permettre de ſortir, & ne veut plus être heureux.

CLX.

ON ſe plaît à rabaiſſer la gloire des exploits guerriers; on veut en priver les chefs, les empêcher de ſe la rendre propre, & la faire rejaillir ſur le grand nombre. En effet la valeur du ſoldat, l'avantage du lieu, les flottes, les convois, les ſecours des alliés, tout cela entre pour beaucoup dans le ſuccès des armes,

& la fortune a droit d'en réclamer la plus grande partie. Mais dans la gloire que procure la clémence on n'a point d'aſsociés : elle appartient toute entiere à celui qui ſe l'eſt acquiſe. Il n'eſt point là de part que les centurions, les préfets, les eſcadrons, les cohortes, puiſsent revendiquer ; & la fortune même, cette ſouveraine des choſes humaines, ne peut prétendre à la partager.

CLXI.

PAR l'intelligence de l'homme, nous devons reconnoître qu'il exiſte une autre intelligence ſupérieure & divine. D'où l'homme a-t-il pris ſon entendement ? dit Socrate dans Xénophon. Cherchons-nous l'origine de la chaleur & de l'humidité répandues dans nos corps, de nos parties ſolides & terreſtres, du ſouffle même qui nous anime ? nous la trouvons aiſément dans la terre, dans l'eau, dans le feu, dans l'air que nous reſpirons. Mais, ce qui eſt bien au-deſſus de tout le reſte, la raiſon, &, pour le dire en pluſieurs mots, notre intelligence, notre jugement, notre penſée, notre prudence, où les avons-nous trouvés ? où les avons-nous pris ?

CLXII.

LA véritable gloire, la grandeur d'ame, la ſageſſe, brillent d'un tel éclat, qu'elles ſemblent nous avoir été données en propre par la vertu, tandis que tout le reſte nous eſt prêté par la fortune.

CLXIII.

POUR qui la mort eſt-elle terrible ? Pour celui qui voit tout s'éteindre avec ſa vie, mais non pour celui dont la gloire ne peut mourir. C'eſt ainſi qu'on trouve l'exil affreux quand on a reſſerré ſon habitation dans un eſpace étroit, mais non quand on regarde le monde entier comme une ville.

CLXIV.

L'HOMME utile peut avoir aſſez vécu pour la nature, j'en conviens ; aſſez même pour ſa gloire, je le veux : mais il a toujours trop peu vécu pour ſa patrie.

CLXV.

IL faut choiſir des amis fermes, ſtables & conſtants : mais il eſt peu d'hommes de ce caractere ; il eſt difficile de les juger ſans les avoir mis à l'épreuve, & cette épreuve ne peut se faire que dans l'amitié. Ainsi l'amitié précede le jugement & nous ôte elle-même le pouvoir de faire les épreuves nécessaires.

CLXVI.

TOUT le monde déteste l'ingrat: chacun se croit offensé par sa conduite, parcequ'elle tend à refroidir la générosité; & on le regarde comme l'ennemi commun de tous ceux qui ont besoin de secours.

CLXVII.

IL arrive trop souvent dans l'amitié un malheur inévitable; c'est qu'on est obligé de la rompre. Je parle ici des liaisons communes, & non de celles qui se forment entre des sages. Quelquefois nos amis nous laissent appercevoir enfin des vices long-temps cachés: que d'autres ou nous-mêmes en ſoyons les victimes, la honte en retombe toujours ſur nous. Le parti qu'on doit prendre, c'eſt de ralentir inſenſiblement le commerce avec ces amis peu dignes de notre tendreſse. Il faut, diſoit Caton, découdre & non déchirer. S'il s'agiſsoit cependant de procédés odieux qu'on ne pût diſſimuler, alors la juſtice, l'honneur, la néceſſité même nous forceroient à en venir à une rupture éclatante.

CLXVIII.

HEUREUX, dit Platon, qui, du moins dans ſa vieilleſse, peut atteindre à la ſageſse, & ſaiſir la vérité !

CLXIX.

S'ENGAGER à faire en faveur des autres ce qu'on ne peut exécuter, c'eſt imprudence : pouvoir renplir ſa promeſse & ne le pas faire, c'eſt négligence ou perfidie.

CLXX.

LES concuſſionnaires doivent trembler, s'ils n'ont ravi que ce qui leur ſuffit à eux-mêmes : mais quand ils ont aſsez exercé de brigandages pour en pouvoir partager les fruits, ils n'ont plus rien à redouter. Il n'eſt rien de ſi ſaint, que l'argent ne puiſse violer; rien de ſi fort, qu'on ne puiſse renverſer avec l'argent.

CLXXI.

DANS toutes les cauſes importantes & capitales, il faut ſur-tout examiner quels ont été précédemment les deſseins, les pensées, la conduite de l'accusé : on doit bien plus avoir égard à ſes mœurs qu'à l'accuſation qu'on intente contre lui; car nous ne pouvons nous changer en un inſtant, adopter tout-à-coup une nouvelle vie, & revêtir à notre gré un nouveau caractere.

CLXXII.

APPELLERAI-JE libre cet homme qui ſe laiſse commander par une femme, à qui une femme impoſe des loix? Elle preſcrit, elle ordonne, elle défend, au gré de ſes caprices: il ne peut ſe ſouſtraire à ſes ordres, il n'oſe rien refuſer. Elle demande, & il donne; elle appelle, il arrive; elle le chaſse, il ſe retire; elle éleve la voix, il tremble. Il eſt né d'un ſang illuſtre, je le veux; je ne l'en regarde pas moins comme le plus vil des eſclaves.

CLXXIII.

LA miſere t'accable, le chagrin

te dévore, ô toi qui te dis heureux & floriſsant. Tes paſſions te tourmentent; tu paſses dans les tortures les jours & les nuits. Ce que tu poſsedes ne te ſuffit pas, & toujours tu trembles de le perdre. La conſcience de tes crimes t'agite, la crainte de la juſtice & des loix te met dans les angoiſses : de quelque côté que tu portes tes regards, tes iniquités ſe préſentent à toi comme autant de furies qui t'épouvantent & t'empêchent de reſpirer. Le lâche, l'inſensé, le méchant, ne peuvent être heureux : mais l'homme honnête, l'homme courageux, le sage ne peuvent être miſérables. Peut-on refuſer des louanges à la vie que les mœurs, que la vertu rendent recommandable; ou dira-t-on qu'il faut craindre, qu'il faut fuir une vie à laquelle on ne peut refuſer des éloges ? Il faudroit bien la fuir cependant ſi elle étoit vraiment malheureuſe. Ainſi tout ce qui eſt louable doit être regardé comme heureux, comme floriſsant, comme digne de nos deſirs.

CLXXIV.

JAMAIS la ſoif de la cupidité ne peut s'étancher, jamais elle n'eſt ſatisfaite. On eſt tourmenté par la fureur d'augmenter ce qu'on poſsede ; on l'eſt auſſi par la crainte de le perdre.

CLXXV.

AVEC quelle inſolente oſtentation tu nous parles de tes richeſses ! Es-tu le ſeul riche ? C'eſt donc bien vainement que je me suis donné tant de peines pour apprendre, pour ſavoir quelque choſe, pour acquérir les richeſses de l'eſprit! Toi, le ſeul riche! Et ſi tu ne l'étois même pas? que dis-je! ſi tu étois dans la miſere? Réponds: qu'entendons-nous par un homme riche? A qui ce titre peut-il convenir? A celui dont la fortune lui ſuffit pour vivre honnêtement, qui eſt content, qui ne cherche, qui ne deſire rien de plus. Tes richeſses ſe meſureront-elles ſur l'étendue de tes poſseſſions? Dépendront-elles de l'eſtimation & des vains diſcours des hommes? Non; c'eſt à ton cœur à les juger. Ne lui manque-t-il rien? N'ambitionne-t-il rien de plus? Eſt-il raſsaſié, content? Je te l'accorde, tu es riche.

C'eſt en effet le cœur de l'homme

& non ſon coffre-fort qui doit être riche. Si ton cœur eſt vuide, qu'importe que tes coffres ſoient pleins ? Penſes-tu que je te croie riche pour cela ? En quoi conſiſte la richeſse ? A poſséder ce qui ſuffit à nos beſoins. A-t-on une fille ? il faut de l'argent pour l'établir. En a-t-on deux ? il en faut encore plus. Si l'on en avoit un plus grand nombre, on auroit encore beſoin de plus de richeſses. Suppoſez qu'on en eût juſqu'à cinquante comme Danaüs ; il faudroit de groſses ſommes pour la dot de tant de filles. Mais ſi tu n'as pas d'enfants, & que tu aies une foule de paſſions capables d'engloutir des tréſors, comment veux-tu que je t'appelle riche, lorſque toi-même tu sens toute ta miſere ?

CLXXVI.

Ce n'eſt pas le compte de nos revenus, c'eſt notre maniere de vivre qui fait notre richeſse. Être ſans cupidité, c'eſt un fonds aſsuré : ne rien acheter par caprice, c'eſt un revenu : être content de ce qu'on poſsede, c'eſt la plus grande, c'eſt la plus certaine des fortunes.

CLXXVII.

Croire que l'homme n'a rien de mieux à deſirer que les honneurs, les commandements, la faveur du peuple, c'eſt embraſser un vain fantôme, & pourſuivre l'ombre de l'honneur. Mais la gloire ſolide n'eſt pas une ombre fugitive : elle eſt fondée ſur les applaudiſsements unanimes des gens de bien & ſur la voix incorruptible des bons juges de la vertu. Elle accompagne presque toujours les bonnes actions, & les hommes vertueux ne doivent pas la rejetter. Mais sa trompeuse imitatrice, toujours inconsidérée, toujours téméraire, toujours prête à prostituer ses suffrages aux fautes & aux vices, n'est soutenue que de l'approbation d'une aveugle multitude, & ne cherche à ressembler à la gloire que pour en corrompre la beauté.

CLXXVIII.

QUELLE célébrité pourront te donner les vains discours des hommes? & quelle gloire si digne d'envie oses-tu donc te promettre? Promene tes regards sur la terre: vois combien sont étroites & rares ses parties habitées. Les hommes paroiſsent occuper quelques points du globe ; le reſte n'offre à tes yeux que de vaſtes ſolitudes. Vois les habitations humaines diſpersées & ſans liaiſons entre elles : vois combien la terre a de contrées dont tu ne peux attendre aucune gloire. Mais arrêtons-nous aux pays cultivés & connus : crois-tu donc que ton nom pourra traverſer le Gange ou franchir le Caucaſe ? Qui jamais entendra parler de toi dans les parties encore plus reculées de l'orient, aux extrémités de l'occident, parmi les feux du midi, ou ſur les glaces des régions boréales ? Tant de pays retranchés, quelle ſcene étroite reſte-t-il à ta gloire ! & ceux même qui parleront de toi, combien de temps en parleront-ils ?

Quand même la race future voudroit transſmettre tes louanges à la poſtérité, ne faut-il pas s'attendre à des déluges deſtructeurs, à de vaſtes incendies qui doivent néceſsairement amener de nouvelles révolutions du globe ? N'empêcheront-ils pas non ſeulement que nous laiſſions de nous un ſouvenir éternel, mais que même notre gloire ſoit de longue durée ?

Et que t'importe, après tout, que les hommes qui doivent naître parlent un jour de toi, lorſque ceux qui sont nés avant toi n'en ont jamais parlé ? Ils n'étoient pas en moins grand nombre ; ils valoient mieux ſans doute.

CLXXIX.

SACHE que tu n'es pas mortel :

ton corps ſeul eſt ſujet à la mort. Tu n'es pas cette forme extérieure qui aide à te faire reconnoître; c'eſt l'ame qui conſtitue l'homme, & non cette figure qu'on peut montrer au doigt. Un Dieu éternel meut ce monde mortel; une ame incorruptible fait agir tes fragiles organes.

CLXXX.

IL eſt d'un peuple reconnoiſsant de récompenſer les citoyens qui ont bien ſervi l'état : il eſt d'un homme ferme & vertueux de ne ſe pas repentir d'avoir bien fait, quand il ne verroit, pour prix de ſes vertus, que les apprêts de ſon ſupplice.

CLXXXI.

L'HOMME d'état doit ſe venger des mauvais citoyens en redoublant de soins pour l'adminiſtration de la république ; de ſes amis faux & perfides, en leur ôtant ſa confiance, en ſe garantiſſant de leurs embûches ; de ſes envieux, en ajoutant chaque jour à ſa gloire.

CLXXXII.

MALHEUREUX trop ſouvent les citoyens qui ont le mieux ſervi l'état ! Leurs belles actions sont bientôt oubliées, & on les ſoupçonne aisément des entrepriſes les plus criminelles.

CLXXXIII.

L'HOMME ſage & vertueux ſonge bien plus à faire le bien, qu'à en obtenir la récompenſe. Rien n'eſt plus beau que de délivrer ſa patrie des dangers qui la menaçoient. Heureux qui, pour un ſi grand ſervice, eſt honoré de ſes concitoyens ! Mais on n'eſt pas encore malheureux quand le bien qu'on leur a fait l'emporte ſur leur reconnoiſſance. Cependant s'il eſt permis d'aſpirer aux récompenſes que mérite la vertu, la premiere de toutes eſt la gloire. Seule, elle nous conſole de la briéveté de la vie, en nous aſſurant le ſouvenir de la poſtérité ; ſeule, elle nous rend préſents dans notre abſence ; ſeule, elle nous fait vivre après la mort ; c'eſt elle ſeule, enfin, qui ſemble élever les hommes juſques aux cieux.

CLXXXIV.

LE nom de la paix eſt bien agréable ; la paix fait le bonheur des nations : mais combien elle eſt différente de la ſervitude ! La paix eſt une tranquille jouiſſance de la liberté : la ſervitude eſt le dernier des maux ; je n'en excepte ni la guerre ni la mort même.

CLXXXV.

C'EST un grand pouvoir que celui de la conſcience : il ne ſe fait pas moins ſentir lorſqu'il ôte toute crainte à l'innocent, qu'en offrant ſans ceſse aux yeux du coupable tous les ſupplices qu'il a mérités.

CLXXXVI.

IL eſt des maladies qui dépravent les ſens & font perdre aux mets leur saveur : la cupidité, l'avarice, la ſcélérateſse détruiſent le goût de la vraie gloire.

CLXXXVII.

POURQUOI les gens de bien témoignent-ils du reſpect à la nobleſse ? C'eſt pour avertir les hommes d'une naiſsance illuſtre de ne ſe pas montrer indignes de leurs ancêtres ; c'eſt auſſi parceque nous révérons encore après leur mort la mémoire des grands hommes qui ont bien ſervi l'état.

CLXXXVIII.

LA vie des morts conſiſte dans le ſouvenir des vivants.

CLXXXIX.

METTEZ une épée dans la main d'un enfant ou d'un vieillard infirme & débile, incapable de faire aucun mal par ſes propres forces ; il pourra percer le ſein de l'homme vigoureux qui ne craindra pas de l'approcher : de même ſi vous revêtez d'une grande magiſtrature un homme énervé, amolli, trop foible pour bleſser perſonne par lui-même, vous l'allez voir, armé de la puiſsance que vous lui aurez remiſe comme d'un glaive meurtrier, détruire & renverſer l'état.

CXC.

IL eſt impoſſible qu'il arrive rien qui n'ait ſa cauſe dans la nature. Il ſe peut que des événements ſoient contraires au cours accoutumé des choſes; mais qu'ils ſoient contraires à la nature, c'eſt ce qui eſt impoſſible. Quelque choſe vous ſemble nouveau, prodigieux; recherchez-en la cauſe ſi vous pouvez : ſi vous ne la trouvez pas, ſoyez certain cependant qu'il n'arrive rien ſans cauſe.

CXCI.

LA connoiſsance de la nature doit nous faire rejetter l'erreur où nous engage la ſingularité des événements. C'eſt ainſi que les bruits ſouterrains, les cieux qu'on croit voir s'entr'ouvrir, les étoiles qui ſemblent gliſser dans l'air, les flambeaux qui paroiſsent y voltiger, les pluies de ſang ou de pierres, ne pourront nous effrayer.

CXCII.

DANS la crainte & dans le danger, on eſt plus porté à croire des prodiges, on en invente plus impunément.

CXCIII.

JE ne sais comment il ne ſe peut rien dire de ſi abſurde qui n'ait été avancé par quelque philoſophe.

CXCIV.

POUR appuyer un vain préjugé, on cite l'opinion des peuples

& des rois : comme s'il n'étoit pas ordinaire au plus grand nombre de se tromper ; comme si, dans une cause que vous auriez à juger, vous deviez recueillir les suffrages de la multitude.

CXCV.

RÉPANDUE chez tous les peuples de la terre, la superstition impose son joug à presque tous les esprits, & s'empare de la foiblesse des hommes. Pussions-nous en extirper jusqu'aux dernieres racines ! Quel plus grand service pourrions-nous rendre au genre humain, à nous-mêmes ?

CXCVI.

MAIS, en écartant la superstition, prenons garde que la religion doit toujours rester inaltérable. Le sage respecte les choses sacrées qu'ont révérées ses ancêtres. La beauté de la création, l'ordre majestueux des corps célestes, nous obligent d'avouer qu'il existe un être éternel & puissant, nous forcent à le reconnoître, à l'admirer. Mais s'il faut propager la religion qui est inséparable de la vraie connoissance de la nature, il faut aussi détruire toutes les branches de la superstition : elle nous presse, elle nous harcele ; partout où nous la fuyons, elle s'attache à nous poursuivre.

CXCVII.

CELUI qui séduit un juge par les prestiges de son éloquence me paroît plus coupable que celui qui le corrompt à prix d'argent.

CXCVIII.

AVEC le luxe & les richesses, on

voit entrer dans les états l'avarice, l'orgueil, & l'insatiable cupidité.

CXCIX.

CE ne sont pas des philosophes, mais d'adroits imposteurs, qui soutiennent qu'on est heureux quand on peut vivre d'une maniere conforme à ses desirs : cela est faux. Former de coupables desirs, c'est le comble du malheur ; & il est encore moins fâcheux de ne pas obtenir ce qu'on souhaite, que de parvenir à ce qu'il est criminel de desirer.

CC.

ON ne peut trouver sur la terre l'origine de l'ame : en elle, rien de mixte, rien de composé, rien qui ait pu naître de la terre, rien qui puisse être soumis à une forme particuliere ; en elle, vous ne reconnoiſsez rien de la nature de l'eau, de l'air ou du feu. Eſt-il quelque choſe dans ces éléments qui ait de la mémoire, de l'intelligence, de la pensée, qui conſerve le paſsé, preſsente l'avenir, embraſse le préſent? Non; ces facultés sont divines; elles n'ont pu émaner dans l'homme que de la divinité. Ce qui jouit du ſentiment, de la volonté, de la vie, eſt céleſte, divin, & par conséquent éternel. Eh! comment pouvons-nous comprendre Dieu même, ſi ce n'eſt comme un être ſimple, libre, dégagé de tout mélange périſsable, comprenant tout, imprimant à tout le mouvement, & jouiſsant par lui-même d'une éternelle activité?

FIN.

COLLECTION

DES MORALISTES ANCIENS,

DÉDIÉE AU ROI.

PREMIERE LISTE.

	vol.
MANUEL d'Epictete. . . .	1
Pensées morales de Confucius.	1
Pensées morales de divers auteurs chinois.	1
Morale de Séneque. . . .	3
Pensées morales d'Isocrate.	1
Pensées morales de Cicéron.	1

Total des volumes imprimés pendant l'année 1782. . . . 8

www.ingramcontent.com/pod-product-compliance
Ingram Content Group UK Ltd.
Pitfield, Milton Keynes, MK11 3LW, UK
UKHW020556180726
13838UKWH00001B/271

9 782329 309576